SEJA FEITA A *sua* VONTADE
- a força do querer -

Solicite nosso catálogo completo, com mais de 350 títulos, onde você encontra as melhores opções do bom livro espírita: literatura infantojuvenil, contos, obras biográficas e de autoajuda, mensagens espirituais, romances palpitantes, estudos doutrinários, obras básicas de Allan Kardec, e mais os esclarecedores cursos e estudos para aplicação no centro espírita – iniciação, mediunidade, reuniões mediúnicas, oratória, desobsessão, fluidos e passes.

E caso não encontre os nossos livros na livraria de sua preferência, solicite o endereço de nosso distribuidor mais próximo de você.

Edição e distribuição

EDITORA EME
Caixa Postal 1820 – CEP 13360-000 – Capivari – SP
Telefones: (19) 3491-7000 | 3491-5449
Vivo (19) 9 9983-2575 ☎ | Claro (19) 9 9317-2800
vendas@editoraeme.com.br – www.editoraeme.com.br

José Lázaro Boberg

SEJA FEITA
A *sua* VONTADE

- a força do querer -

Capivari-SP
– 2019 –

© 2019 José Lázaro Boberg

Os direitos autorais desta obra foram cedidos pelo autor para a Editora EME, o que propicia a venda dos livros com preços mais acessíveis e a manutenção de campanhas com preços especiais a Clubes do Livro de todo o Brasil.

A Editora EME mantém o Centro Espírita "Mensagem de Esperança" e patrocina, junto com outras empresas, instituições de atendimento social de Capivari-SP.

1ª edição – julho/2019 – 3.000 exemplares

CAPA | André Stenico
PROJETO GRÁFICO E DIAGRAMAÇÃO | Marco Melo
REVISÃO | Lídia Regina Martins Bonilha Curi

Ficha catalográfica

Boberg, José Lázaro, 1942
    Seja feita a sua vontade – A força do querer / José Lázaro Boberg – 1ª ed. jul. 2019 – Capivari, SP: Editora EME.
    256 p.

    ISBN 978-85-9544-114-9

1. Filosofia espírita. 2. Interpretação de Deus. 3. O ser como agente do seu destino.
I. TÍTULO.

                                            CDD 133.9

SUMÁRIO

Introdução 9
Prefácio 19
Reflexão fundamental 25
1. A ideia que fazemos de Deus 27
2. Seja feita a sua vontade 43
3. A mente 51
4. O pensamento 57
5. A vontade 71
6. A "vontade", segundo Emmanuel 77
7. O sentido da oração 89
8. O que é a vontade de Deus? 101
9. "Seja feita a sua vontade" 111
10. A fé e a vontade 119
11. A influência dos espíritos na vontade 127
12. Árbitro de si mesmo 137
13. Sussya, por que não fostes Sussya? 147
14. Entregar para "Ele" é a solução! 153
15. A vontade de Deus é sempre a melhor? 159
16. Deus é fiel? 167
17. Só Jesus na causa... 173
18. Paciência 181
19. Você constrói a "si mesmo" 189
20. Progredir? A vontade é sempre sua! 195
21. Ninguém salva ninguém! 201
22. Se você quer, você pode... 207
23. Você cria o seu dia... 213

24. Na Terra e no Mundo Espiritual 223
25. Tormentos da consciência 231
Apêndice 1 239
Apêndice 2 243
Referências bibliográficas 253

*A VONTADE do espírito é acatada pela
Providência, em todas as manifestações,
incluindo aquelas em que o homem se extravia na
criminalidade, esposando obscuros compromissos.*

Francisco Cândido Xavier/Emmanuel,
Palavras de vida eterna, lição 180

INTRODUÇÃO

Em primeiro lugar, antes de qualquer abordagem sobre o tema, objeto de nossas reflexões, urge esclarecer o sentido real da expressão **Leis de Deus**, que, ancorada nas teses teológicas da Igreja, formou a base de controle eclesiástico ao longo de muitos séculos. Se você perguntar aos religiosos cristãos, que entendem por **Leis de Deus**, provavelmente, entre os mais estudiosos, dirão que elas são os **Dez Mandamentos**. Outros passarão batido! Mas se você analisar, sem medo de 'pecar' contra Deus, colocando em ação o seu livre-pensar, chegará à conclusão de que esses mandamentos foram apenas 'atribuídos' a Moisés, sendo, portanto, uma criação humana, para disciplinar seu povo. Neste sentido, para a concepção judaico-cristã do Deus-pessoa, eles foram "ditados" por Deus a Moisés, **e não se discute mais... Sem tergiversações!**

No sentido geral, fora do significado técnico, o homem cria leis, regras, normas, estatutos, com o objetivo de administrar os vários tipos de organização social (família, Igrejas, empresas, clubes, entre outros). Nesse caso ordinário, essas leis humanas são entendidas como regras sociais – escritas ou não – com o objetivo de regulamentar o inter-relacionamento da sociedade. Cada sociedade estabelece as convenções e padrões do que considera lícito, com intuito de dar segurança e bem-estar aos cidadãos. Porém, do ponto de vista técnico, para gerir o Estado democrático de direito, com máquina cada vez mais complexa, os legisladores criaram Constituições, ou *Cartas magnas* e inseriram a doutrina da tripartição dos poderes – Executivo – Legislativo e Judiciário – reservando a um deles, o Poder Legislativo, o objetivo de elaborar as leis estatais.

Ao lado dessas leis humanas, necessárias para administrar a organização social, existe, porém, um tipo de lei que, simplesmente, não foi elaborada pelo homem: são as **Leis Naturais**, (convencionadas, pela Igreja, por esse motivo, de **Leis de Deus**). O espiritismo adicionou, ainda, o título de **Leis Morais**. São dotadas de "cláusulas pétreas", por serem perfeitas, eternas e imutáveis. Allan Kardec, o 'organizador' do espiritismo, baseado em Moisés, dividiu a Lei Natural em dez partes, sem que, por isso tenha qualquer coisa de absoluto, quanto a este número delas, compreendendo *as leis de adoração*, o *trabalho*, a *reprodução*, a *conservação*, a *destruição*, a *sociedade*, o *progresso*, a *igualdade*, a *liberdade*, e, por fim, a de *justiça, amor e caridade*. Mas, obviamente, existe ainda outras, como a *lei da gravidade*, *lei* *de causa e efeito* etc., além de aquelas que, com o tempo, virão a ser desveladas.

Então, para que não paire dúvida, quando aludirmos, no decorrer da obra, à expressão *Vontade de Deus*, estamos nos referindo à ação dessas **Leis naturais**, ou seja, aquela de cuja elaboração o homem não participou. Elas se acham escritas na própria consciência (questão 621 de *O Livro dos Espíritos*), têm caráter universal, de conteúdo possível de ser de todos conhecido, embora nem sempre e a um só tempo por todos compreendido. (questão 619). Necessariamente, com o tempo, iremos entender que construiremos a felicidade, adaptando-nos a elas, independentemente de crença religiosa. Elas são, pois, universais. Se alguém "pular" de uma montanha, seja qual for o seu grau de espiritualidade, não tenham dúvidas de que se espatifará no solo, por conta da infração à lei da gravidade; a não ser que **se adapte** a ela, usando paraquedas, asas-deltas, ou outros instrumentos que tenham esse mesmo objetivo. Assim, vai ocorrer com a necessária *sintonia* às demais Leis Naturais.

No entanto, aquelas criadas para atender os interesses da "organização religiosa", porém, 'vendidas' como **Leis de Deus**, continuam sendo leis humanas, embora divulgadas como 'divinas'. Aqui está o ponto 'nevrálgico' da questão: *Leis de Deus* (Naturais, de caráter universal) e aquelas de origem humana. Veja o caso dos dogmas da religião institucional, são recepcionados como Leis de Deus. Na Igreja Católica Romana, um **dogma** é uma verdade revelada sobre a Fé Absoluta, definitiva, imutável, infalível, inquestionável e *absolutamente* *segura sobre a qual não pode pairar nenhuma dúvida.* As verdades já estão fixadas pela teologia, não sobrando espaço para construção ou investigação delas. Os dogmas fossilizados, desde há muito tempo, continuam válidos como se fossem Leis Naturais. "Quando muito – diz o ex-padre Marcelo da Luz, *Onde a religião termina?* p. 319 – há formulação de novas metáforas, o que assemelha a Teologia à literatura ficcional. Teólogos são hábeis 'malabaristas' de palavras e figuras de linguagem, perenes recicladores de arcaicas mitologias". Quem agir contra um dogma estará contrariando a **Vontade de Deus**, mas, que, na verdade, é **vontade da teologia**.

Quantas leis são 'acatadas' pelos religiosos, mas que não passam de criações teológicas! São 'creditadas' como "palavras de Deus", mas que não passam pelo 'crivo da razão', porque, na realidade, são mesmo 'criações humanas'! Um verdadeiro imbróglio para fazer com que os devotos permaneçam 'cegos', quanto às verdades espirituais. *Vivem o espírito de manada* (termo usado para descrever situações em que indivíduos em grupo reagem todos da mesma forma, embora não exista direção planejada). Dogmas teológicos que não são Leis Naturais: Trindade, nascimento virginal, céu e inferno, assunção de Maria aos céus, ressurreição, entre outros, acabam sendo aceitos como Leis de Deus.

Sei que muita gente poderá se 'chocar' com essas reflexões, se não estiver ainda, espiritualmente madura, para entender que nem sempre a vontade 'atribuída' a Deus é, verdadeiramente, a vontade das Leis Naturais, mas do próprio homem. Cada espírito (*individualização* do princípio inteligente) impulsionado pela "inteligência suprema e causa primeira de todas as coisas" (questão n.º 1, de *O Livro dos Espíritos*) em sua ascese evolutiva, deve ancorar-se na *sua vontade*, e não nas *falsas* criações teológicas, 'vendidas' como *Vontade de Deus*.

As **Leis de Deus** são, simplesmente, **Leis Naturais**, perfeitas, eternas e imutáveis, não elaboradas pelo homem. Aquilo que é 'recepcionado', pelo religioso, nas igrejas, como **Leis de Deus**, na realidade são **Leis teológicas**. No geral, ao se submeterem às **Leis de Deus**, estão reverenciando as **leis teológicas**, como se fossem **Leis de Deus**.

Quando resolvemos escrever sobre este tema, *Seja feita a sua vontade*, sabíamos que teríamos de, primeiro, distinguir a diferença deste aforismo, com aquele constante na oração do *Pai Nosso* – célebre prece do mundo cristão. Com base nesta diferença, começamos a nossa reflexão, sobre a **vontade do homem** e a **Vontade de Deus**, objeto de nossa análise.

A dicotomia pode trazer polêmica ao religioso cristão, pois confunde, *inconscientemente*, **vontade humana** com **vontade teológica**. Torna-se um **dependente** dessa "vontade teológica", **empacotada** como 'Vontade divina'. Dizem até que "não somos nada" se não fizermos a Vontade de Deus. É óbvio que, aqui, nem de longe estão se referindo às Leis Naturais. Para elucidar essa questão, é necessário, de início, que o leitor se posicione sobre a ideia que faz de Deus. Então, trouxemos à reflexão, inicialmente, as diferenças entre os pensamentos *teísta* e *deísta*.

As ideias *teístas* são à base do Deus *antropomórfico*, ou Deus *pessoa* das religiões, em geral. Este Deus 'pessoal' intervém constantemente no mundo, monitorando tudo, atendendo às súplicas (preces) das criaturas, ora *permitindo*, ora *não permitindo*, ora *perdoando*, ora *punindo* os pecadores, derrogando suas Leis, com a realização de 'milagres', julgando suas criaturas em suas ações ou mesmo pelos pensamentos. Nada é feito sem a 'sua' autorização.

Por outro lado, a tese *deísta* é uma postura filosófica **não religiosa** que acredita na criação do Universo por uma inteligência superior (que pode ser chamada de Deus, ou não), através da razão, do livre pensamento e da experiência pessoal. Tem-se, assim, a crença em um ser supremo que permanece incognoscível e intocável, visto como a "primeira causa", um deus da natureza – **um criador não intervencionista** – que permite que o universo corra o seu próprio curso de acordo com as leis naturais. Kardec, neste sentido, caracteriza os espíritas como **livres-pensadores.** Diz mais, (*Revista espírita*, fevereiro de 1867) que "o livre pensamento eleva a dignidade da pessoa humana, dela fazendo um ser ativo, inteligente, em vez de uma máquina de crer!".

Qual é sua posição, *teísta* ou *deísta*? Ou aceita as duas posições?

O espiritismo, historicamente, por influência do **Iluminismo**, nasceu com Allan Kardec para ser *deísta – uma proposta filosófica, calcada na ciência, com consequências morais –* mas que, no decorrer da elaboração de *O Livro dos Espíritos*, adotou também o *teísmo*, o Deus antropomórfico, da Igreja. Ratificando, na proposta *teísta* nada é feito sem a autorização direta de Deus. Nas questões é equacionado *o que Deus quer* ou *não quer, aceita* ou *não aceita*. Sua onisciência é total: *sabe de tudo, participa de tudo*. Retrata, basicamente, o perfil do Deus bíblico com sua onipotência e vontade arbitrária.

E Kardec chega mesmo a dar-lhe certo sentido *antropomórfico* (de homem) quando pergunta em *A Gênese*, item 37: Sob que aparência se apresenta Deus aos que se tornaram dignos de vê-Lo? Será uma forma qualquer? Sob uma **figura humana** ou como **resplendente de luz**?

Você vai perceber, no decorrer da exposição de nossas reflexões, que a *vontade do homem*, pela imposição *teísta* deixou de ser 'independente' para se submeter à *Vontade de Deus* (teológica). Afasta-se da **independência** – objetivo inicial da doutrina – para a **dependência** de um imaginário Deus humano, exterior, como até, então, continua sendo a doutrina da Igreja.

Para muita gente é um verdadeiro 'choque'! Pela teologia da Igreja, o devoto afastou a percepção de sua própria *divindade interior* para se entregar a um ser de carne e osso, no caso Jesus. Dizem aqueles que são tão somente 'religiosos' que sua vontade só é válida se estiver de acordo com a vontade de Deus. O homem entrega a construção de sua essência, no sentido de que todos nós somos a *encarnação* de Deus, o *Christós* (a alma encarnada em toda criatura), independentemente de crença religiosa.

Assim, seja Jesus, seja Buda, seja Krishna, seja Osíris, seja Tao, ou quaisquer outros líderes religiosos de todas as épocas e todas as criaturas humanas também são deuses *in potencia*; dependem de si mesmos para fazer *brilhar a luz interior*. Neste sentido, Jesus, repetindo o Salmo 82, 'teria' dito: *Vós sois deuses*; St. Germain: *Vós sois cocriadores junto ao Pai*; Kardec: além da perfeição, outro objetivo da encarnação é *fazer parte da obra da criação*. Emmanuel – *Livro da Esperança*, lição 7 – "A doutrina espírita fulge, da atualidade, diante da mente humana, *auxiliando-nos a descobrir os Estatutos Divinos, funcionando em nós próprios, no foro da consciência*, a fim de aprendermos que a liberdade de fazer o que se quer está condicionada à liberdade de fazer o que se deve".

Você vai analisar conosco, nos vários textos, o aforismo *Seja feita a sua vontade*, como trabalho da vontade livre e soberana de cada ser encarnado na busca eterna de sua perfeição. Pode acontecer que, em certos momentos, não aceitará nossa interpretação, achando um absurdo. Muitos cristãos tradicionais não acostumados a pensar diferente, criticam, pois estão sob as rédeas de Leis teológicas, 'impostas' como Divinas; são doutrinados pela pedagogia do medo, que se lhes ameaça com sanções. Confesso que eu também 'queimei' muito a pestana, para chegar a esta conclusão. Hoje sou feliz porque entendo de forma diferente das religiões que são, na grande maioria, antropomórficas.

Em 25 capítulos, vamos *pensar*, ou mesmo, *repensar* juntos. Não adianta ler este livro de espírito 'armado', simplesmente com o intuito de contestação, refutando, sem reflexão, toda informação diferente daquela que você convencionalmente *recepcionou* até aqui. Certamente ele mexerá com suas crenças, já estereotipadas, há muito tempo. É necessário, pois, parar muitas vezes, fechar o livro e meditar, e depois reler e ruminar tudo. Todo o homem que **não** se guia pela fé cega (fé que apenas **crê**), é por isso mesmo livre-pensador (fé solidificada na experiência). Por esta razão, os espíritas são também livres-pensadores. Vamos empreender uma jornada de reflexões que, no final, se você não 'abandonar' a leitura, pois é perfeitamente normal, dependendo do estágio de maturidade espiritual (sem, pois, crítica alguma), certamente, **você** *não será o mesmo*!

José Lázaro BOBERG

WhatsApp (43) 9 9912-4442 📞
E-mail – jlboberg@uol.com.br

PREFÁCIO

Está sendo um grande prazer prefaciar a obra de José Lázaro Boberg. Conhecemo-nos de modo inusitado. Ele, de Jacarezinho (PR) e eu, do Rio de Janeiro. Eu vinha, desde 2016, aprofundando-me em reflexões sobre como sentia Deus e me relacionava com Ele. Em uma sincronicidade belíssima veio a mim a obra de Boberg, *As Leis de Deus: eternas e imutáveis*, pois, justamente esse livro foi a inspiração e base que o Centro Espírita em que trabalho (Rita de Cássia) usou em um estudo aprofundado durante o Carnaval, em 2017. E aí tudo começou, conectei-me a ele, pois quis conhecer o autor dessa obra que abriu meu coração e mexeu com minhas crenças. De lá para cá, fui tendo acesso a várias outras obras de Boberg e, atualmente, me encontro muito encantada com sua forma didática e acessível de trazer conhecimentos tão importantes de Allan Kardec.

20 | José Lázaro Boberg

A vida proporcionou o encontro que, carinhosamente, foi identificado por ele como almas afins. A partir de então, pela amizade e confiança que se estabeleceu, fui convidada a prefaciar seu livro *Seja feita a sua vontade*. Com o maior respeito à obra de Boberg, trago ao leitor a motivação de uma instigante leitura que possibilita grandes reflexões e mudanças de referências. Para quem se encontra em um movimento de autoconhecimento, toca não somente a razão, mas também, a alma. A essência que é trazida neste livro faz com que a vida ganhe um novo sentido.

*Boberg questiona o leitor, ao longo da obra, sobre duas concepções filosóficas: **se tem livre-arbítrio** ou um **Deus interventor**?*

De modo sensível e profundo, leva cada um a se perguntar como vivencia Deus; Deus é encarado como uma pessoa de autoridade máxima e grande sabedoria ou uma energia que também é interna? Nos momentos difíceis que envolvem conflitos e tomada de decisões, a quem pedir ajuda e atribuir a responsabilidade? A Deus, ao outro ou a si mesmo? Essa é uma das grandes questões com que o ser humano, em algum momento da vida, se depara. Essa temática é, de modo brilhante, trazida por Boberg em seu livro, logo no início, ao explicar a diferença entre a visão teísta e deísta de Deus.

Segundo o autor, *a grande maioria, ao proferir a oração do Pai-Nosso, imagina um Deus (figura humana), lá no utópico céu e, ao proferir esse aforismo, se coloca numa situação de 'dependência', aceitando que são comandados por uma vontade externa, colocando seu 'querer' numa posição de inferioridade (visão teísta de Deus).*

Trata-se, na realidade, de uma postura diante de si mesmo e da vida. De um lado, a pessoa se coloca de modo passivo e dependente diante do outro, e até mesmo de Deus (visão teísta); de outro lado, observamos uma postura mais madura, cuja ênfase está no processo autônomo do livre-arbítrio, que implica em maturidade, autonomia e responsabilidade por si mesmo (visão deísta).

Com suas colocações, Boberg convida o leitor a se questionar se está na vida desenvolvendo e aprendendo sobre si, sua essência ou se está vivendo 'parasitariamente' de acordo com a vontade dos outros.

Por que será que o ser humano tem tanta dificuldade de assumir seus gostos, valores e decisões? Por que algumas pessoas tendem a usar álibis para justificar os próprios atos? Por que o contato consigo mesmo pode causar angústia?

No campo das psicoterapias, vem sendo observado que a causa básica do sofrimento e ansiedade humana é a ignorância, o desconhecimento do sentido profundo de sua existência. Muito dos conflitos atuais que se expressam através da depressão, orgulho, egoísmo, medo, sentimento de autoinsuficiência e manifestação de doenças, se dão por conta de o mundo externo estimular em demasia o olhar para fora. O eixo de referência do indivíduo, que deveria ser interno, encontra-se no externo. Há uma exacerbação da necessidade de reconhecimento e aplausos. O olhar do outro é ainda muito procurado, haja vista programas tipo *reality shows* que é uma engrenagem midiática de alienação. Esses fatores muito facilmente desviam o indivíduo do contato consigo mesmo e, portanto, de seu livre-arbítrio, uma vez que o foco está no outro e não em si mesmo.

Quando Boberg aprofunda sobre a visão deísta de Deus, cujo foco está no livre-arbítrio, convoca o sujeito a se perceber dentro de uma referência interna e não externa. Diversos autores da psicologia clínica são unânimes em observar que, na primeira metade da vida, o indivíduo sempre atende às demandas externas. Tem que lutar pela vida, trabalhar, ganhar dinheiro, casar, ter filhos etc. Vive nesta fase da vida se indagando: "O que a vida espera de mim?" "Quem tenho que ser"? "Como devo ser"? Desde pequeno está habituado a seguir e atender às expectativas familiares e corresponder ao que esperam de si.

Posteriormente, com a maturidade, o teor das perguntas se modifica: O que a alma busca? Qual o real significado da vida? O eixo de referência se modifica e o indivíduo passa a se colocar na vida de modo mais coerente e fiel à sua alma e não aos outros.

O que aconteceria na vida de uma pessoa adulta se tudo fosse providenciado e escolhido pelo outro? Ou se entregasse suas aflições somente nas mãos de Deus? Será que este indivíduo cresceria e amadureceria? Como fazer avaliações e tomar decisões, se o indivíduo não se conecta consigo mesmo?

O que se espera é que o sujeito possa saber o real tamanho de seus potenciais ou dificuldades, a partir de sua realidade interna e não pelo desejo dos outros. A grande tarefa de todo ser humano é fazer a travessia da alienação (ficar preso ao olhar do outro) para a singularidade (conquistar a própria essência).

De modo brilhante e sensível, Boberg traz ao leitor reflexões sobre esta questão, bem colocando que o indivíduo vai responder às suas questões e viver a vida de acordo com o estágio em que se encontra em termos de sua maturidade espiritual.

Nesta grande obra, o aforismo *Seja feita a sua vontade* enfatiza o mecanismo pessoal do crescimento da independência individual, sem a ideia de submissão à vontade de um Deus antropomórfico, criado pelo homem – que comanda e vigia tudo, interferindo até no livre-arbítrio.

Pelo viés da concepção deísta, tem-se a ênfase no livre-arbítrio, o indivíduo escolhe os caminhos, por vontade própria, sem interferência de ninguém. Ora, na verdade, o livre-arbítrio é uma jurisdição do Universo em nós (As leis naturais estão gravadas na consciência). Se o sujeito não aciona sua vontade, deixa de ser si mesmo! Essa é a grande contribuição de Boberg, ao convidar o leitor a assumir a responsabilidade por suas escolhas e sua vida.

Deixa claro que, na mecânica do Universo, a vontade é sempre do indivíduo e ressalta que precisa ser acionada para que a história seja construída pelo esforço próprio. Vontade, como bem coloca Boberg, só tem sentido, em termos de aprendizagem, se for a própria; nada de entregar a outrem externamente – quer seja humano, quer seja divino – o que lhe cabe na obrigação de construir a si mesmo.

Seja feita a sua vontade é um tributo ao livre-arbítrio. Ao final, abrilhanta esta obra com a contribuição da visão de Deus segundo Spinoza, o que, de modo poético, traduz tudo que veio desenvolvendo ao longo do livro.

Boberg é um espírito sensível, que contribui, pelo viés de seus estudos aprofundados, com o entendimento tanto da doutrina espírita como também da vida. Que toda lucidez conquistada por Boberg com o próprio esforço, ao longo de sua trajetória como escritor, seja alcançada pelo leitor, pois, certamente, *Seja feita a sua vontade* não é somente uma leitura, é uma experiência espiritual.

Maria Eugênia Nastari Reis

Psicologia Clínica/ Orientadora Profissional/
Reorientadora de Carreira
Livro publicado: *Um novo olhar sobre o processo terapêutico*, pela Editora Letra Capital.
Docente em Instituição de Psicanálise

REFLEXÃO FUNDAMENTAL

AS LEIS DE DEUS são, simplesmente, as LEIS NATURAIS, perfeitas, eternas e imutáveis, não elaboradas pelo homem. No geral, aquilo que é 'recepcionado' pelo religioso, como LEIS DE DEUS, na realidade, são LEIS TEOLÓGICAS. Assim, ao se submeterem às LEIS DE DEUS, estão reverenciando LEIS TEOLÓGICAS, como se fossem LEIS DE DEUS.

1

A IDEIA QUE FAZEMOS DE DEUS

> *Deus é a inteligência suprema e causa primeira de todas as coisas.*
> **KARDEC, Allan.** *O Livro dos Espíritos*, **questão n.º 1**

ANTES DE QUALQUER análise sobre o tema, objeto deste livro – *Seja feita a sua vontade* –, reflitamos sobre *a ideia que fazemos de Deus*. É a partir daí que teremos melhores condições de interpretação, já que o nosso comportamento e atitudes são influenciados pela *imagem* que fazemos d'Ele. Entenda-se, todavia, que o uso do pronome "Ele", aqui usado, é apenas no *sentido figurado*, pois, o conceito de Deus vai depender da forma como O vemos. Muitos filósofos e teólogos cristãos trabalharam arduamente para relacionar os atributos de Deus. Donde muitos chegaram à conclusão de que foi o homem que 'inventou' Deus. Voltaire afirmou que se Deus não existisse, nós

28 | JOSÉ LÁZARO BOBERG

teríamos que inventá-Lo! Na verdade, afirma ele, o homem descobriu Deus[1].

No seu livro *Mein Wetbild*, Einstein descreve três tipos de concepção de Deus:

1. **Deus-máquina**, entre os povos mais primitivos.
2. **Deus-pessoa**, entre os hebreus do Antigo Testamento, em geral entre os cristãos de todos os tempos e países.
3. **Deus-cósmico**, professado por uns poucos místicos avançados, cujos representantes ultrapassam igrejas e teologias e encontram-se, esporadicamente, entre todos os povos e em todas as religiões.

Einstein enumera, entre os da terceira classe, Demócrito, Francisco de Assis e Spinoza, isto é: um *pagão*, um *cristão* e um *hebreu*, dizendo que eles são irmãos da mesma fé. (Lao-Tsé. *Tao Te Ching*, p. 16).

Quando lhe perguntaram se *acreditava* em Deus, Einstein respondeu: –"Acredito no Deus de Spinoza, que se revela por si mesmo na harmonia de tudo o que existe, e não no Deus que se interessa pela sorte e pelas ações dos homens". (Ver, Apêndice 1, no final do livro, o *Deus de Spinoza*).

Nesta linha de raciocínio, teólogos tanto quiseram definir Deus, que acabaram "antropomorfizando-O",

---

1. Voltaire (1694-1778) foi um filósofo francês iluminista considerado "deísta". Acredita que Deus se manifesta ao homem não pela revelação histórica como a tradição judaico-cristã, mas através da razão, de modo que negar a existência de Deus seria um absurdo, segundo ele. http://pensamentoextemporaneo.com.br/?p=954b

ao lhe atribuírem as características humanas imperfeitas. Podemos garantir, no entanto, que a visão que se tem da divindade é *relativa* à evolução espiritual de cada um. Dependendo do estágio evolutivo e da cultura de cada povo, tem-se a forma como 'Ele' é *imaginado* e sua influência sobre a vida das criaturas. Assim, para a tradição bíblica, "Deus criou o homem à sua imagem e semelhança"[2]. No entanto, todo conceito e atributos que se fazem d'Ele são sempre humanos, pois, na verdade, ao longo dos milênios, o homem criou Deus *à sua imagem e semelhança*. Para o espiritismo[3] na interpretação de Kardec, os atributos de Deus são: **é eterno, infinito, imutável, imaterial, único, todo-poderoso, soberanamente justo e bom.**

Duas visões se contrapõem quanto à ideia que fazemos de Deus: a *teísta* e a *deísta*, cada uma, defendendo seus pontos de vista e, certamente, uma delas, ou mesmo, uma mistura das duas, faz parte de *sua* visão de Deus. Nós vamos, didaticamente, expô-las, e depois então, além de termos maior maturidade espiritual para nos *posicionarmos* sobre essas duas teorias, conquistaremos maior embasamento para o desenvolvimento do objeto de nosso trabalho, que é *Seja feita a sua vontade*.

1.1. TEÍSMO

As ideias *teístas* são a base do Deus *antropomórfico*, ou Deus *pessoa* das religiões, em geral. O **teísmo** é um

---

2. *Gênesis*, 1:26.
3. KARDEC, Allan. *O Livro dos Espíritos*, cap. III, item 13.

conceito filosófico-religioso desenvolvido para se compreender o Criador. Esta linha filosófica entende que Deus é a única entidade responsável pela criação do Universo, onipotente e onisciente. Esta expressão provém do grego *Théos*, com o significado de 'deus'. O teísmo se contrapõe ao *ateísmo*, que não crê na existência de uma divindade suprema. Diz-se, neste caso, o cidadão é ateu.

Assim, se você imagina que Deus é uma pessoa que está em algum lugar exterior, geralmente chamado de 'céu', de onde monitora tudo, pode ser enquadrado nesta tese, ou seja, você é um *teísta*. Nesta, concebe-se que Deus além de estruturar o Universo, continua a influenciar e a supervisionar a obra, após a sua criação. Em muitos sistemas *teístas* de fé, a divindade está intimamente envolvida com as questões humanas. Este Deus pessoal intervém constantemente no mundo, monitorando tudo, atendendo às súplicas (preces) das criaturas, ora *permitindo*, ora *não permitindo*, ora *perdoando*, ora *punindo* os pecadores, derrogando suas Leis, com a realização de 'milagres', julgando suas criaturas pelas suas ações ou mesmo pelos pensamentos. Nada é feito sem a autorização direta de Deus. Sua onisciência é total: *sabe de tudo, participa de tudo*. Retrata basicamente o perfil do Deus bíblico com sua onipotência e vontade arbitrária. É um verdadeiro *super-homem*, uma verdadeira inteligência sobrenatural.

Para muitos, "Deus é uma espécie de ditador celeste, uma pessoa que vigia os homens de longe e registra os seus 'créditos' e 'débitos', 'premiando-os' ou 'castigando-os' depois da morte, mandando os bons para o céu eterno e os maus para o inferno eterno. Esse *infantilismo* primitivo domina as teologias cristãs de há mais de dois mil anos e, embora haja grandes variantes dessa concepção de Deus, no fundo é essa ideia *antropomorfa*".[4]

COMO PENSA UM TEÍSTA?

Veja algumas frases utilizadas pelo pensador *teísta* a respeito da atuação de Deus em nossas vidas. Você, certamente, já usou e/ou ainda usa tais expressões. Caracteriza um estado de total **dependência** a um utópico 'Deus humano'.

- O que Deus quer, eu quero.
- Como viver sem Ele?
- O que eu faço, meu Deus?
- Entregar para Ele é a solução...
- Dê-me paciência, Senhor!
- Ele sabe o que faz!
- Espero em Ti...
- Confie em sua palavra...
- Tenha certeza de que a vontade de Deus é sempre a melhor.
- Entregue sua vida nas 'mãos' d'Ele
- Não tente se esconder de Deus.
- Os planos de Deus.
- Deus tem sempre o melhor para nós.
- Desistir? Não. Entregar-me para Deus? Sim.

---

4. Lao-Tsé. *Tao Te Ching*, pp.15-16.

32 | José Lázaro Boberg

- Deus sabe o que é melhor para mim!
- O Único que sempre permanecerá.
- Deus dá a sabedoria.
- Aguardar para ver o que Ele 'reserva' para mim.
- Deus está no comando.
- Só Jesus na causa! (Aqui, Jesus é Deus).

Já me reportei em outra obra, *Leis de Deus – eternas e imutáveis*, defendendo que o espiritismo é *deísta*, com base na história de sua criação, na metade do século XIX, por Allan Kardec, em pleno Iluminismo. Era a época das luzes. Adverte Kardec,[5] em relação às comunicações mediúnicas: "a de pesar e analisar, submetendo ao mais rigoroso controle da razão, tudo que receberdes". Em proposta original, em *O Livro dos Espíritos*, o espiritismo se nos apresenta *deísta*, quando informa, logo na Questão n.º 1, que: *Deus é a inteligência suprema e a causa primária de todas as coisas*. Aqui, os espíritos não se referem a Deus como 'pessoa' ou um ser 'antropomórfico', como, até então, pregava a Igreja. Hoje, a grande maioria ainda pensa assim. Quando se refere a Deus, "olha-se para cima, como se 'Ele' estivesse de olho em você!".

No entanto, na elaboração de *O Livro dos Espíritos*, bem como nas demais obras que compõem a doutrina espírita, em vários momentos, o codificador e os seus espíritos coadjuvantes, utilizam-se do mesmo linguajar *teísta*. Então, o espiritismo, que nasceu em sua proposta inicial, *deísta* – tudo deve ser fundamentado na razão – mesclou-se com conceitos *teístas* do Deus antropomórfi-

---

5. KARDEC, Allan. *O Livro dos Médiuns*, cap. XX, "Influência moral do médium".

co, aquele que interfere no livre-arbítrio de sua criatura. Alguns estudiosos 'dizem' que não havia outra forma de o codificador – e os espíritos auxiliares –, transmitir a mensagem à grande massa, pois, Deus era entendido, tão somente, como uma *pessoa*, situado em algum lugar no paraíso.

Sem qualquer contemporização, penso que é como 'entendiam' mesmo, pois, era muito forte a presença da Igreja. Isto já estava amalgamado na mente das criaturas, pela força dos dogmas. Ademais, muitos participantes da construção do espiritismo, foram os pais da Igreja! (Santo Agostinho, São Luiz, além de bispos e demais componentes do clero). Ora, o espiritismo é suficiente *por si mesmo* e cremos que, ao se atrelar ao cristianismo acatou essas ideias do 'Deus interventor', que castiga/perdoa, permite/não permite, solapando da criatura o direito de pensar por si mesma e ser agente de sua própria evolução, que é objetivo na encarnação. Nesta simbiose espiritismo/cristianismo, pode-se pensar também em espiritismo/islamismo, espiritismo/budismo. Ou não? E Kardec chega a dar-lhe certo sentido *antropomórfico* quando pergunta em *A Gênese*, item 37: Sob que *aparência* se apresenta Deus aos que se tornaram dignos de vê-Lo? Será uma forma qualquer? Sob uma *figura humana* ou como *resplendente de luz*?

Que você acha de tudo isso? Como livre-pensador, e espírito desarmado do 'convencionado' pela religião, convido você a analisar comigo estas reflexões... Kardec, há 150 anos, na *Revista Espírita*, de janeiro e fevereiro de 1867, afirma que os espíritas são livres-pensadores, em contraposição à fé cega. Diz mais, "o livre pensamento eleva a dignidade do homem, dele fazendo um ser ativo, inteligente, em vez de uma máquina de crer".

Vejamos, apenas a título de exemplo, algumas referências *teístas*, que confirmam nossa tese, na obra de Kardec:

"(...) Deus **castiga** a Humanidade por meios de flagelos destruidores para fazê-la progredir mais depressa" (L.E, Questão 737).

"(...) Deus **desculpa** o assassino em caso de legítima defesa?" (L.E. questão 748)

"(...) Por que Deus **concedeu** a um a riqueza e o poder e a outros a miséria?" (L.E. Questão 814)

"(...) cada um é **punido** por aquilo que **pecou** (...)" (L.E, Questão 309).

"(...) as doenças, as enfermidades, a própria morte, que são as consequências de abusos, ao mesmo tempo são **punição** à transgressão à Lei de Deus". (LE, Livro III, cap. V, comentário à Questão 714).

"(...) É que o homem não aproveita; é preciso **castigá-lo** em seu orgulho e fazê-lo sentir sua fraqueza. (...)". (LE, Livro III, cap. VI, Questão 738).

"(...) Todos vós suportais, a cada instante, essa **pena, porque sois punidos pelo que pecastes**, nesta vida ou em outra". (LE, Livro III, cap. VI, Questão 764).

"(...) Pobres seres que **Deus castigará**. Eles serão transportados pelas torrentes que querem deter". (LE, Livro III, cap. VIII, Questão 781).

"(...) O homem é responsável pelo seu pensamento? – Ele é responsável diante de Deus. Só Deus, podendo conhecê-lo, **o condena** ou **o absolve** segundo a sua justiça". (LE, Livro III, cap. X, Questão 834).

"(...) Em princípio, o futuro lhe é oculto e somente em casos raros e excepcionais **Deus permite** que seja revelado". (LE; Questão 868).
"(...) Os espíritos sabem perfeitamente o que fazem, mas, para alguns é também uma **punição** imposta por Deus" (LE. Questão 224-b).

Você pode listar ainda, muitas outras questões *teístas*, não só em *O Livro dos Espíritos*, mas em todas as outras complementares que compõem as obras básicas da doutrina. Trata-se de uma linguagem 'pesada', com "Deus que é amor" (segundo João), em "pessoa" sob o comando, típica das ideias *teístas* da Igreja, merece ser analisada com melhor critério, pois não existem 'castigo', nem 'punição' de um Deus exterior. As Leis naturais, chamadas de 'divinas' ou 'morais', pelo espiritismo, não punem ou perdoam ninguém. Tudo funciona na medida do desenvolvimento da razão, individualmente. As Leis Naturais (ou de Deus) *estão gravadas na consciência*, conforme ensinam Kardec e os espíritos.[6]

Vários fatores, no entanto, influenciam para que o conceito de Deus esteja relacionado à maturidade espiritual, construída desde os tempos imemoriais. Além do aspecto individual, essa ideia de Deus é *relativa* ao grau intelectual dos povos e de seus legisladores, razão pela qual foi surgindo, gradativamente, o regramento de conduta ética e moral, que retrata, em cada época, o progresso espiritual da Humanidade.

---

6. Sugiro a leitura de meu livro *O código penal dos espíritos – a justiça do tribunal da consciência*, por esta editora.

1.2. Deísmo

É uma postura filosófica *não religiosa*, semelhante ao *deísmo* dos *philosophes* iluministas, na qual Kardec se inspirou na organização do espiritismo, que acredita na criação do Universo por uma inteligência superior (que pode ser chamada de Deus, ou não), através da razão, do livre-pensamento e da experiência pessoal, em vez dos elementos comuns das religiões *teístas* como a 'revelação' direta. Tem-se assim, a crença em um ser supremo que permanece incognoscível e intocável, visto como a "primeira causa", um deus da natureza – **um criador não intervencionista** – que permite que o universo corra o seu próprio curso de acordo com as leis naturais. Como um "deus relojoeiro" iniciando o processo cósmico, o universo segue adiante sem necessitar da supervisão de Deus. O *deísmo* acredita que as leis precisas e invariáveis definem o universo como possuindo autofuncionamento e sendo autoexplicativo. Estas leis revelam-se através da "luz da razão e da natureza". Confiança no poder da **razão** troca **a fé** pela lógica humana. Daí Kardec adotar a *fé raciocinada*, embasada na razão. E também, é importante frisar que embora chamado de *codificador* – mero instrumento dos espíritos – ele foi, na realidade, o fundador ou o organizador do espiritismo.

Mesmo que não seja unanimidade do movimento espírita, aliás, é motivo de muita discussão, entendemos também o espiritismo, **não como religião**, mas, como bem define o atento organizador da doutrina, Allan Kardec: "*Filosofia, calcada na ciência, com consequências* *morais".*[7] A tese *deísta* considera a **razão** como a única via capaz de nos assegurar a existência de Deus, rejeitando, para tal fim, o ensinamento ou a prática de qualquer religião organizada.

O *deísmo* teve origem com os filósofos gregos da antiguidade, ganhando muita relevância dentro do contexto dos primórdios do Racionalismo, a partir do movimento iluminista, em meados do século XIX, com apoio de vários cientistas, filósofos, e pensadores como Galileu Galilei, Locke, Isaac Newton, Augusto Comte, Voltaire, entre outros. Voltaire foi um dos maiores contestadores da Bíblia dos últimos tempos, por entender que ela não é a 'palavra de Deus', mas sim, a dos 'homens'. Embora esta postura filosófica admita a existência de um Deus criador, tenha Ele o nome que tiver, questiona profundamente a ideia da "revelação" divina e apega-se à concepção da inteligência humana como mediadora para a compreensão do Ser Superior, rejeitando a necessidade de religiões.

Assim, para o *deísta*, Deus se revela, **não pelas religiões**, mas pela **ciência e pelas leis da natureza**. Ao invés de um deus antropomórfico, é mais lógica a ideia de "um princípio vital", "uma força criadora" ou a "energia motriz do universo". No entendimento do filósofo francês, Voltaire era que, para se chegar a Deus, não se precisa ir à igreja, mas à **razão**. Esta é também a proposta dos *gnósticos cristãos*, que foram escorraçados, perseguidos e muitos mortos pela Igreja, conforme assinalei na obra *O Evangelho de Tomé*. Ratificando, para fins didáticos, o entendimento de

---

7. KARDEC, Allan. *Revista Espírita*, Ano XI, dezembro de 1868, Vol. 2.

38 | José Lázaro Boberg

Kardec e de seus auxiliares espirituais, *Deus é uma inteligência suprema e a causa primeira de tudo*, porém, sem identificá-Lo como 'pessoa'. Isto no início, depois...

Por conta dessa combinação de entendimento, para alguns pensadores o espiritismo é *deísta*, no sentido de não ter rituais, acatar a fé, tão somente raciocinada – que, no dizer de Kardec, "Fé inabalável só o é a que pode encarar frente a frente a razão, em todas as épocas da Humanidade." – e a necessidade de tudo (não só a fé) passar pelo crivo da razão. No entanto, paralelamente, a esse princípio geral – tal como prescreve o Iluminismo – o espiritismo se utiliza das ideias *teístas*, quando o criador o identifica como a *"Terceira revelação divina"*.[8] No entanto, posteriormente, Kardec dá a seguinte afirmação: "Procedi com os espíritos como teria feito com os homens; considerei-os, desde o menor até ao maior, como elementos de instrução, e **não** como **reveladores predestinados**".[9] Curioso, não é?

Saliente-se que os *deístas* se recusam a acreditar em eventos sobrenaturais, milagres, profecias, 'revelações' e superstições, haja vista que não existe qualquer evidência científica da verdade destes relatos. Por outro lado, o *teísta* crê em Deus, na revelação, nos dogmas, e até O antropomorfiza.

O *deísta*, não nega, necessariamente, que alguém possa receber uma **revelação** direta de Deus, mas essa reve-

---

8. "O espiritismo é a última revelação divina recebida pelos homens, de acordo com a promessa de Jesus no Evangelho de João: eu rogarei ao Pai, e Ele vos dará outro Consolador, a fim de que esteja para sempre convosco" (14:16).

9. KARDEC, Allan. *Obras Póstumas*. 2.ª parte: Minha iniciação ao espiritismo.

lação será válida "só" para uma pessoa e deve valer apenas para ela, que a 'recepcionou', não como uma verdade absoluta e universal imposta a todos. Se alguém lhe diz que Deus se 'revelou' para ele, será uma revelação secundária e ninguém é obrigado a segui-la. Explicando melhor: cada ser sintoniza, vibracionalmente, com o seu *Khristós* (potência divina na criatura), por mérito próprio e no seu tempo de maturidade.

Assim, qualquer revelação que, porventura aconteça, é fruto da evolução pessoal; não se transfere a terceiros, pois é ação 'personalíssima' e, para o conhecimento da verdade, ela ocorre no seu tempo de entendimento. Isto implica a possibilidade de estar aberto às diferentes religiões como manifestações diversas de uma mesma realidade divina, embora não crendo em nenhuma como "verdadeira" ou "totalmente verdadeira". É certo, porém, que eles substituem o conceito de 'revelação divina', os atributos dogmáticos e convencionais das religiões, pelo uso da **razão**, das experiências científicas, bem como pelo conhecimento das leis naturais. Deus, para os deístas, não é, conforme já nos reportamos, exatamente, um ser antropomórfico, a quem são atribuídas as características humanas, tanto as físicas quanto as emocionais.

Antes de qualquer resposta sobre qual a tese seu pensamento adota – *teísmo* ou *deísmo* – atente-se que a ação humana, no processo evolutivo, tem como suporte o livre-arbítrio, que é a liberdade de escolha, mecanismo de progresso do ser humano, através de "acertos e erros". Nesse contexto, para que possamos refletir sobre o objeto deste livro, precisamos responder, inicialmente, a uma

40 | José Lázaro Boberg

pergunta básica: O que você aceita como mais racional: **o livre-arbítrio** ou, um **Deus pessoal interventor?** Pense!

De minha parte, adoto o livre-arbítrio, como a jurisdição da Lei Natural na própria consciência. É nesse sentido, que os espíritos auxiliares de Kardec afirmam que as Leis Naturais (chamadas pelo espiritismo de *Leis de Deus* ou Leis Morais) encontram-se gravadas na consciência.[10] Por consequência, nas tradições ocidentais já está formatada, na mente, a ideia de que Deus está "separado de nós", tendo seu governo instalado em algum lugar no paraíso (Tribunal Celeste). "Embora se afirme que Descartes foi quem inventou o dualismo, a ideia de um Deus 'lá fora', o antecede em milhares de anos, abrindo, desta forma, esta visão dividida de Deus/Humanidade. Tem-se, assim, gravada a ideia de que, 'Ele lá', e 'nós cá', quando, na realidade, Ele é o nosso próprio ser, ou talvez, interpretemos melhor, dizendo que o nosso ser é Deus".[11] Concordo com a tese defendida por Rohden,[12] que "a concepção teológica dualista de que Deus seja alguma entidade justaposta ao Universo, algo fora do cosmo, algum indivíduo, alguma pessoa, é certamente a mais *primitiva* e *infantil* de todas as ideologias da Humanidade".

Neste sentido, o movimento iluminista é fruto do Humanismo que permeava o movimento renascentista, o qual posicionava o Homem como centro de tudo, em contraposição ao Teocentrismo, que defendia ser Deus o centro do Universo. Kardec está no meio desses pensa-

---

10. KARDEC, Allan. *O Livro dos Espíritos*, questão 621.
11. ARNTZ, Willian, e outros. *Quem somos nós?* p. 199.
12. ROHDEN, Huberto. *Cosmoterapia*, p. 45.

dores racionalistas e o espiritismo nasce sob a égide da razão. É nesta ótica que contraria a fé da Igreja (aquela que apenas **crê**), trocando-a pela fé raciocinada (aquela que é conquistada pela experiência, ou seja, transformando-a em **fé que sabe).** A bandeira do Racionalismo era a **razão** e não simplesmente a fé religiosa, suporte da Igreja, que persiste até hoje.

Por consequência, não poderia ser outra a sua posição, pois, este movimento filosófico trouxe ideias avançadas que contrapunham às ideias da Igreja e seus dogmas, com base na **fé que crê.** Adotando o pensamento de Augusto Comte de que só o *positivo* é real, Kardec aceita a fé racional, contrapondo-se a essa fé defendida pela Igreja. No entanto, embora a questão nº 1, de *O Livro dos Espíritos* se assente no pensamento *deísta*, no decorrer da obra, conforme já me referi, em certas questões o codificador e os espíritos coadjuvantes misturam as duas visões (*deísta* e *teísta*).

COMO PENSA UM DEÍSTA?

- Admite uma existência divina, mas com características distintas de religiões.
- Aceita que a "palavra" de Deus são as leis da natureza e do Universo, não os livros ditos "sagrados", escritos por homens em condições duvidosas.
- Usa apenas a razão para pensar na possibilidade de existência de outras dimensões, não aceitando doutrinas elaboradas por homens.
- Crê que se pode encontrar Deus mais facilmente 'fora' do que 'dentro' de alguma religião.

- Desfruta da liberdade de procurar uma espiritualidade que lhe satisfaça.
- Prefere elaborar princípios e valores pessoais pelo raciocínio lógico, a aceitar as imposições escritas em livros ditos "sagrados" ou "autoridades" religiosas.
- Defende um livre-pensador individual, cujas convicções não se formaram por força de uma tradição ou a "autoridade" de outros.
- Acredita que religião e Estado devem ser separados.
- Prefere se considerar um ser racional, a considerar-se um religioso.
- O raciocínio lógico é o único método por meio do qual pode ter certeza sobre algo.
- Não aceita "revelações", conforme ensinam as religiões constituídas; tudo deve ser calcado na razão.

Pelo exposto, podemos concluir que a principal diferença entre as duas teses está na concepção da divindade. Os teístas *creem* num deus paternalista que fica cuidando de suas criaturas em tempo integral, um intercessor, portanto. Uma visão *teísta* de Deus é a visão bíblica em que o homem parece ser o centro do universo. Já os *deístas* creem que essa inteligência suprema *não interfere* diretamente na Humanidade, pois a criação é um sistema perfeito que se autorregula e, nesse caso, somos apenas uma parte de todo um universo. O conceito da divindade é *relativo*, pois foge da compreensão humana.

2

SEJA FEITA A SUA VONTADE

→——⟨ ● ⟩——→

> *... a única ajuda que realmente existe é a autoajuda,*
> *ou seja, quando o indivíduo decide verdadeiramente*
> *transformar-se para uma situação melhor de vida.*
>
> **Roosevelt Andolphato TIAGO,** *Terapia da queixa*

CONCEITUADAS AS DUAS **formas de 'ver' Deus** – a *teísta* e a *deísta – abrem-se os horizontes* para o entendimento sobre a afirmação *Seja feita a sua vontade.* Conforme a posição adotada, ela pode ser entendida como uma entrega à Vontade de Deus, portanto, uma situação de **dependência** ou, então, a de **independência**, diante de tomadas de decisão. Então, perguntamos: Não somos dotados de livre-arbítrio? Não somos construtores de nossas vidas? Assim, questionemos: Temos um *livre-arbítrio,* ou *um arbítrio que não é livre*? Se somos dirigidos por uma vontade externa, no caso por Deus, 'não temos culpa de nada' quando escolhemos de forma equivocada, nem podemos pensar em castigos externos sentenciados pela vontade de Deus. Você, ao proferir esse aforismo, está certo de que a sua vontade não tem valor nenhum, e, sim, deve prevalecer a vontade de um Deus 'utópico', antropomórfico, pessoal. Em outras palavras, um Deus exterior. Se errar é processo de aprendizagem, como haveremos de entender um Deus externo nos monitorando? Tem lógica isso?

Nesta mesma linha de reflexão, BENCHAYA "questiona o tratamento que tanto Kardec como as lideranças espíritas dão ao tema, estimulando a **submissão** e a **dependência** dos encarnados a forças externas. Difunde-se a crença, oriunda da Igreja católica de que o homem nada vale, é um pecador incapaz de resolver-se sem auxílio de terceiros. Sempre a dependência, a submissão e a reverência a uma pretensa **vontade superior**, características dos estágios primitivos de nossa evolução. Isso parece contrariar **a natureza libertadora** da doutrina espírita. A sujeição do indivíduo ao beneplácito divino através de intermediários é um entrave ao seu crescimento pela inércia à espera de uma intervenção estranha às possibilidades que cada um deve desenvolver" (**grifos meus**). E continua em seu raciocínio: "Não pense o leitor que não acredito na existência de espíritos amigos que nos acompanham e ajudam no nosso processo de aprendizagem durante a encarnação. Questiono, sim, o tratamento que tanto Kardec como as lideranças espíritas dão ao tema, estimulando a **submissão** e a **dependência** dos encarnados".[13]

---

13. BENCHAYA, Salomão Jacob. *Jornal Opinião*, de setembro de 2017, Anjos da Guarda: Livre-se deles!

Fora do âmbito religioso, se alguém, num diálogo, disser a você: – *Seja feita a sua vontade*, o entendimento é óbvio, não deixando margem a qualquer outra interpretação que não seja a *liberdade de escolha*. Há prevalência de sua vontade, naquela situação, independentemente se a escolha for 'certa' ou 'errada'. Você tem, assim, a prerrogativa do livre-arbítrio, que 'independe' de qualquer fé religiosa, para escolher o que melhor lhe aprouver. Então, 'errar' ou 'acertar' faz parte do processo de aprendizagem. Quando 'acerta' há reforço nas redes neurais, naquilo que já está gravado; porém o erro indica inadaptação do organismo às situações novas. Com novas tentativas chega-se ao momento de adaptação ao novo desafio. Acontece o que na psicologia de Piaget se chama de 'equilíbrio', ocorrendo *acomodação*. Para este psicólogo todo o conhecimento é construído através de um processo contínuo de *adaptação*, transformando nossas estruturas anteriores mais aperfeiçoadas.

Então, do ponto de vista pedagógico, os desafios devem ser enfrentados sem a 'terceirização' da vontade. Qualquer entendimento de 'entregar', a quem quer que seja, as rédeas de nosso destino nos conduz ao *estacionamento* de nossos potenciais. Pode-se receber orientação externa, o que é sempre válido, mas a *decisão é sempre sua*. "Embora muitos possam querer nos ajudar diante das adversidades, a única ajuda que realmente existe é a *autoajuda*, ou seja, quando o indivíduo decide verdadeiramente se transformar para uma situação melhor de vida".[14]

---

14. TIAGO, Roosevelt Andolphato. *Terapia da queixa*, p. 23.

Se assim não for encarado, o ser humano, que precisa progredir sempre, como condição de seu próprio desenvolvimento, paralisaria a sua evolução. Para aprender, utilizamo-nos do mecanismo do "ensaio e erro". Aprendemos com os nossos erros. Isto é perfeitamente normal no processo evolutivo do ser humano. Com os erros refazemos caminhos, tantas vezes quantas necessárias, e quando aprendemos há fixação na rede neural daquilo que foi aprendido. Com o uso constante do que foi aprendido, com o tempo, ele se transforma em *hábito*. Dizemos, por analogia, que o que foi gravado vai para o 'piloto automático'. Neste recorte, Kardec, na questão 685-A, diz que "a educação consiste na arte de formar os caracteres, aquela que cria os hábitos, porque educação é o conjunto de hábitos adquiridos".

De forma objetiva, conceitua-se a aprendizagem por *ensaio e erro* como aquela que almeja a eliminação gradual dos ensaios ou tentativas que levam ao erro e à manutenção daqueles comportamentos que conquistaram o efeito desejado. Como pilares desse tipo de aprendizagem estão as leis do efeito (um ato é alterado pelas suas consequências) e a lei do exercício (asseverando que a conexão entre estímulos e respostas é fortalecida pela repetição).

Este aforismo **Seja feita a Sua vontade,** faz parte da oração do Pai Nosso, cujo conceito místico conduz à ideia de **submissão** e **dependência**, sem qualquer contestação à *vontade de Deus*. Concordo com a psicóloga Maria Eugênia Nastari Reis quando afirma: "Se ao invés de o homem buscar ser Deus, somente vivendo como humano, assumindo suas possibilidades, assim como suas dificuldades, faria o que fosse de sua alçada **e o restante entregaria para Deus**. O equilíbrio está em discernir que tem a responsabilidade de sua vida, suas decisões, mas nem tudo pode e entende, nem tudo está sob seu controle. Este é o desafio".[15] **(Grifos meus).** Quanto à expressão usada pela douta psicóloga "e o restante entregaria para Deus", tem, para nós um sentido 'figurado' de se 'aguardar' o tempo próprio, quando encara o problema por seu próprio recurso psicológico, porém, com maior maturidade. Então, não foi, obviamente, o virtual Deus pessoal externo que resolveu o problema, mas, foi você mesmo, no seu tempo de entendimento!

É comum diante de situações difíceis, na impotência da solução de um desafio, entregar tudo, de acordo com a fé religiosa, nas 'mãos de Deus', dos espíritos, dos santos, de Jesus, do Espírito Santo, entre outros. E, aqui, esse *aforismo* "Seja feita a Sua vontade", por fazer parte da oração do *Pai Nosso*, conduz-nos, incontinenti, à ideia do Deus antropomórfico, um ser pessoal em que o homem é a projeção de sua imagem e semelhança. Como consequência, 'Ele' comanda tudo, de algum lugar do Universo. É o que prescrevem as religiões Abraâmicas (judaísmo, cristianismo e islamismo), todas monistas, imaginando Deus como pessoa. A imagem projetada pelas criaturas, na visão ocidental, por influência ostensiva dos credos religiosos, é a do Deus tipo judaico-cristão do Velho Testamento, entidade colérica, vingativa e male-

---

15. REIS, Maria Eugênia Nastari. *Um novo olhar sobre o processo terapêutico*, p 101.

volente, que, de certa forma, influencia o mundo cristão, na atualidade.

Ancoramo-nos, no entanto, para compreensão do sentido da expressão *Seja feita a sua vontade*, no conceito transmitido pelos interlocutores espirituais de Kardec, quando afirmaram que, *Deus é inteligência suprema e causa primeira de todas as coisas*.[16] Nesta visão inicial, de *O Livro dos Espíritos*, Kardec e seus auxiliares espirituais, não deram qualquer conotação a um "Deus pessoal", um ser antropomórfico, como era o entendimento da época: trata-se tão só de *uma Inteligência Suprema*.

No entanto, embora o espiritismo tenha sido criado em meados do século XIX, em plena efervescência cultural na Europa no campo das artes, da ciência e da filosofia, em contraponto ao pensamento teológico da Igreja, denota-se que, ao lado da predominância da tese *deísta*, em alguns momentos, na elaboração de *O Livro dos Espíritos*, Kardec e os espíritos auxiliares, ainda permaneceram usando os conceitos *teístas* da Igreja. É o que diz o provérbio: **uso** do **cachimbo** faz a **boca torta**! O que se faz repetidas vezes torna-se hábito! Apenas a título de exemplo, encontramos referências antropomórficas, com relação à proibição de Deus, do perdão, do castigo de Deus, da revelação divina (O espiritismo seria a 'terceira', na concepção de Kardec), dogma da "revelação divina", também albergado pelo *teísmo* da Igreja. Daí entendermos, diante da verdade dos fatos, que o espiritismo é *deísta*, malgrado inserções *teístas* de Kardec e

---

16. Questão n.º 1 de *O Livro dos Espíritos*.

dos espíritos coadjutores. Quer dizer, com isso, que *O Livro dos Espíritos* traz também ideias *teístas*. Frise-se, no entanto, que não era esta a proposta inicial de Kardec para a filosofia espírita – surgiu para ser racional e *deísta*, conforme o movimento racionalista de sua época.

3

A MENTE

*A mente encarrega-se do 'processamento' da
informação que recebemos.*

FAZ-SE MUITA CONFUSÃO entre *mente, pensamento* e *vontade*, como se tudo fosse a mesma coisa, ou seja, expressões sinônimas. São conceitos 'independentes', embora 'interligados', quando da manifestação, conforme veremos no decorrer de nossas reflexões. Quando se 'pensa' tem-se um processo mental; para que o pensamento se materialize, entra em ação a *vontade*. Ambos, assim, são processos mentais, sob o 'guarda-chuva' da mente. Usando a linguagem matemática, podemos dizer que a mente é o conjunto Universo e as demais manifestações psíquicas, subconjuntos.

Para fins didáticos, precisamos trazer à reflexão, primeiro, o conceito de *mente*, já que o *pensamento* é produto da *mente* e a *vontade* é quem decide e alimenta a manifestação do *pensamento*. É ela que faz *acontecer*, quer errando, quer acertando. Quando a vontade comunga com a expressão da canção popular, *Deixa a vida me levar*, ela está omissa. A Vontade é que decide se 'age' ou 'deixa rolar'. Quando o homem entrega seus desafios, nas 'mãos de Deus', dizendo, *Seja feita a Sua vontade*, está 'fugindo' de seu compromisso de aprender com os obstáculos, que é o objetivo da vida. Atente que, na mecânica do Universo, a *vontade* é sempre sua! As Leis Naturais são parâmetros imutáveis e eternos. Essas Leis não **mudam** para atender você. Você é que tem que colocar em ação a *vontade* para **mudar**.

Não podemos ignorar que somos espíritos em evolução, e que evoluímos pela atividade, pelo esforço próprio, pela ação e pelo trabalho. Quando fraquejamos, a sugestão religiosa de que *Seja feita a Sua vontade*, na verdade construção teológica – aqui entendida como a Vontade de Deus – pode até nos ajudar, acalmando-nos as inquietações, naquele momento, mas, efetivamente, é você que deve colocar em ação seus potenciais na resolução do problema. É a **sua** *vontade* que o impulsiona para agir.

Diante da vasta rede de estímulos em que se vê, mobilizando a vontade, o espírito é levado a agir, apreender e evoluir. É nesta linha de raciocínio que André Luiz afirma: "A mente é a orientadora desse universo microscópico, em que bilhões de corpúsculos e energias multiformes se consagram a seu serviço. Dela emanam as correntes da **vontade**, determinando vasta rede de estímulos, reagindo ante as exigências da paisagem externa, ou atendendo às sugestões das zonas interiores. Colocada entre o objetivo e o subjetivo, é impulsionada pela Lei a *aprender, verificar, escolher, repelir, aceitar, recolher, guardar, enriquecer-se, iluminar-se, progredir* sempre. Do plano objetivo, recebe-lhe os atritos e as influências da luta direta; da esfera subjetiva, absorve-lhe a inspiração, mais ou menos intensa, das inteligências desencarnadas ou encarnadas que lhe são afins, e os resultados das criações mentais que lhe são peculiares. Ainda que permaneça aparentemente estacionária, a mente prossegue seu caminho, sem recuos, sob a indefectível atuação das forças visíveis ou das invisíveis".[17]

"A mente tem a dinâmica de um mosaico de luzes que se projetam pela consciência, que se contrai ou expande diante do que nos emociona. Desse Universo abstrato, emanam as correntes da *vontade*, determinando vasta rede de estímulos, reagindo ante as exigências da paisagem externa, ou atendendo às sugestões das zonas interiores".[18]

Na questão 370 de *O Livro dos Espíritos*, temos a solução para os problemas criados pelo reducionismo materialista: "Da influência dos órgãos se pode inferir a existência de uma relação entre o desenvolvimento do cérebro e o das faculdades morais e intelectuais?" Indaga Kardec. Explicam-nos os espíritos: "Não confundais o efeito com a causa. O espírito dispõe sempre das faculdades que lhe são próprias. Ora, não são os órgãos

---

17. XAVIER, Francisco Cândido. André Luiz. *No mundo maior*, cap. 4, Estudando o cérebro.
18. FACURE Nubor Orlando. *Operações mentais e como o cérebro aprende*. Disponível: site www.geocities.com/Nubor_Facure

que dão as faculdades, e sim estas que impulsionam o desenvolvimento dos órgãos".

Pode-se definir a *mente* (do latim *mens*) como a potência intelectual da alma ou, a parte incorpórea, inteligente ou sensível do ser humano. Olha, se você atinasse ao PODER que tem em sua mente, tomaria cuidado com cada um dos seus pensamentos e sentimentos. Assim, devemos aprender a utilizar todo esse poder a nosso favor. Daí ser comum ouvirmos dizer, a título de exemplo, que: "Uma ideia veio-lhe à mente"; "se quiseres resolver este enigma, terás de usar a mente"; "já tenho em mente que uso vou dar ao dinheiro"; "basta de estudo por hoje: estou com a mente esgotada". Veja que a mente, em certos casos, está sendo utilizada açambarcando o pensamento e a Vontade.

Precisamos, ainda, distinguir os conceitos de *cérebro* e *mente*, para que não se misturem o que é físico e que é mental:

O *cérebro* é um órgão que se encontra na cavidade craniana e que apresenta uma grande quantidade de neurônios (células do sistema nervoso).

A *mente*, por sua vez, emerge do cérebro como consequência do funcionamento deste órgão, possibilitando a expressão *consciência* ou *subconsciência* da natureza humana.

Assim, a mente emite irradiações psíquicas imperceptíveis aos olhos humanos, que podem, por analogia, ser comparadas com os raios solares. O pensamento 'pensa', mas acima dele, porém, surge a *vontade* que é quem decide colocar em ação, ou não, aquele pensamento.

O gráfico abaixo apresenta, de forma figurada, as "radiações da mente" – semelhantes aos raios do sol – que serão captadas pelo pensamento para que sejam materializadas, dependendo da decisão da gerência geral, que é a **vontade**.

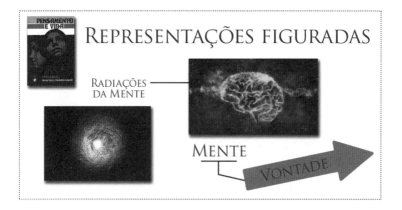

Outra forma de entender a *mente* é como o nexo ou a etapa que existe entre um estímulo que chega ao organismo e uma resposta. A mente encarrega-se do 'processamento' da informação que recebemos, permitindo-nos responder e desenvolver uma determinada conduta, utilizando de um de seus 'componentes', no caso aqui, a 'memória'. No livro *Seja você mesmo*, comento sobre *o gatilho da memória*, expressão criada por Augusto Cury:

"Trata-se do fenômeno que faz com que cada estímulo *visual*, *sonoro* ou *psíquico* seja interpretado imediatamente, em milésimos de segundo. Assim, as imagens de flores, pessoas, objetos são identificadas não pelo seu *eu*, mas pelo *gatilho da memória*. Temos milhões de imagens na memória, mas quando vemos a figura externa de uma flor, por exemplo, o *gatilho* é acionado, acerta o alvo e a identifica. Sem esse fenômeno, o *eu* ficaria confuso".[19] O *gatilho da memória* funciona, assim, como um "secretário eficiente" que tem todos os dados de imediato para assessorar o dirigente pensante nas melhores respostas, diante de uma situação.

---

19. BOBERG, José Lázaro. *Seja você mesmo*, pp. 135/136.

4

O PENSAMENTO

Podemos dizer que o 'pensar' para os humanos é como o 'voar' para as águias e o 'nadar' para os golfinhos.

PENSAMENTO É UM processo mental que permite aos seres modelar o mundo e, com isso, lidar com ele de uma forma efetiva e de acordo com suas metas, planos e desejos. Ele pode ser **ativo** ou **passivo**.

O pensamento ativo – é quando a vontade entra em ação, decidindo que, o que foi 'pensado' se 'materialize' no mundo objetivo. Quando se diz que "você é hoje o que pensou", tenha em mente que a vontade entrou em ação, ou seja, o seu pensamento *ativou*. Nesse caso, submetem-se os conteúdos de ideação a um ato voluntário de julgamento.

Pensamento passivo – é quando ocorrem na mente as irradiações (semelhantes aos raios solares) e surgem pensamentos, os mais diversos, porém, como 'mera ocorrência' e não se materializam, por falta de *vontade*. Quantas vezes desfilam por nossa mente vários pensamentos, mas que ficam 'só nisso', sem que a *vontade* os coloque em ação. Diz-se que é um pensamento *passivo* em que as conexões conceituais estabelecem-se espontaneamente.[20]

No livro *Seja você mesmo*,[21] comento sobre o autofluxo, um dos coadjuvantes do pensamento, que, ao produzir energia psíquica atua independentemente da nossa vontade consciente. Como fonte interna ou intrapsíquica de lazer, o fenômeno do *autofluxo* leva-nos diariamente a ser "viajantes" no imaginário, sem compromisso com o ponto de partida, a trajetória e o ponto de chegada. Todo dia, ganhamos vários "bilhetes" para viajar pelos pensamentos; é quando surgem as 'fantasias', penetrando em nosso passado e especulando o futuro. Essa habilidade é fundamental para o nosso bem-estar e equilíbrio psicológico. Não é o que ocorre quando estamos em solilóquios?

O *pensamento passivo* é um tipo de raciocínio que vai *fluindo* sem o 'controle' do Eu. É quase que um tipo involuntário de pensamento que, no entanto, nos leva a conclusões por vezes interessantes. Segundo a tipologia junguiana, esse é o pensamento orientado pela **intuição**. O que o contrapõe, que é o pensamento *ativo*, é orientado pela **sensação**, controlado pelo Eu, e está estruturado e planejado em busca de uma conclusão ou resposta.

---

20. http://paulorogeriodamotta.com.br/funcao-pensamento-dicionario-junguiano/
21. BOBERG, José Lázaro. *Seja você mesmo*, cap. 2.2. – autofluxo, p. 141.

Seja feita a sua vontade – A força do querer | 59

"O pensamento é uma energia e possui força inercial, tal qual um projétil disparado. Uma pequena força aplicada uma só vez contra uma árvore pode não ser capaz de balançá-la, mas aplicada várias vezes, seguidamente, acaba balançando-a. Isto porque a força inercial, acumulando-se torna cada vez mais fácil o movimento de um objeto no mesmo sentido".[22] Do ponto de vista neurológico, uma regra da neurociência diz que, "células nervosas acionadas juntas permanecem juntas. Se fizermos 'algo' apenas uma vez, uma coleção de neurônios livre formará uma rede, mas não 'entalhará uma trilha' no cérebro. Quando uma ação ocorre 'seguidamente', células nervosas desenvolvem uma conexão cada vez mais forte, e se torna progressivamente mais fácil acionar aquela rede; se acionarmos repetidamente as redes neurais, os hábitos ficam cada vez mais estruturados na mente e se tornam difíceis de mudar".[23]

Em termos do processo mental, um pensamento se torna **ativo**, quando a vontade manifesta com 'insistência' na consecução daquele objetivo, vindo a materializar o que se pensou. É a força do querer! É nesta linha de pensamento que escrevemos o livro *Peça e receba – o Universo conspira a seu favor*.[24] Isto formará, *neurologicamente*, uma conexão nervosa. Mas, com a insistência da vontade, haverá o fortalecimento da rede neural e a coisa acontecerá, não porque o Deus externo 'atendeu' o

---

22. TANIGUCHI Masaharu. *A Humanidade é isenta de pecado*, p.308.
23. DISPENZA, Joe. *Quem somos nós?*, p.147.
24. BOBERG, José Lázaro. *Peça e receba – o Universo conspira a seu favor*, por esta editora.

seu pedido, mas porque você desejou (ação da vontade) e trabalhou para que isso acontecesse.

Em se voltando para a ótica religiosa, Lucas conta (18:6-7) uma parábola 'atribuída' a Jesus, muito interessante sobre a mecânica da oração. Na parábola do "Juiz Iníquo", assevera: "Ouvi o que diz este juiz iníquo. E não fará Deus justiça aos seus escolhidos, que dia e noite, clamam a Ele, já que é longânimo para com eles"?[25] Aqui entra em ação a vontade, com a insistência no ato de pedir. Atente-se, todavia, que embora se imagine que Deus (antropomórfico, lá do 'céu') irá atendê-lo, o resultado, todavia, é fruto de um processo mental, manifestado por você mesmo, por meio de sua 'vontade' de querer. O religioso, aqui, diz: foi feita a *vontade* de Deus, quando, na realidade, é sempre a sua vontade.

Neste entendimento, a máxima *Seja feita a sua vontade*, é um processo mental **seu**, e não da vontade de um **Deus exterior**. A oração não pode ser feita sem qualquer sentimento, apenas com recitação verbal, sem que coloquemos a alma nas palavras ou nos pensamentos que estamos dirigindo a Deus. Quanto mais emoção, mais o objeto do 'querer' fixará na sua rede neurológica, de acordo com a sua vontade. Se assim não procedermos, vale para nós admoestação atribuída a Jesus: *Não useis de vãs repetições!* ... Repetições de palavras sem qualquer emoção, como sói acontecer com muitos "rezadores" nas orações. Não há qualquer ligação com o que 'fala' com o conteúdo da oração. É preciso que a sua vontade esteja

---

25. Lucas, 18:6-7.

em *sintonia* com o que pronuncia. Fora desta sintonia é como o papagaio que pronuncia palavras, sem qualquer compreensão, num ato meramente mecânico.[26]

Veja que há uma 'insistência' no ato de *pedir sempre, nunca deixar de pedir*, e ainda em *orar dia e noite*; têm estas recomendações apenas um sentido 'alegórico', sugerindo que coloquemos nossa vontade no 'querer', que não ajamos aleatoriamente, mas com uma ação de insistência naquilo que desejamos. Atuando com o desejo de que o que pensamos se materialize, com o passar do tempo, criamos na mente um ambiente de *receptividade*. Ou, em linguagem neurológica, fortalecem-se as redes neurais. Vale dizer: de tanto repetir, essa voz de comando faz com que nossa mente mude de atitude, criando espaço, ou seja, a receptividade, para que o nosso desejo se realize. Então, quando alcançamos o almejado, dizemos: Deus atendeu o meu pedido! Será? Ou foi o resultado do processo mental trabalhado com perseverança, por sua própria vontade? Foi feita a sua *vontade* e *não a vontade de um Deus exterior*... Não nos esqueçamos de que somos a encarnação de Deus. Somos detentores do *Christós*, semente divina em potência.

A sugestão dada por Jesus, segundo registra Mateus (Mt, 7:7), para *orar, pedir, buscar, bater*, nada tem que ver com Deus pessoal, ou da intervenção de um "ser supostamente divino e exterior ao Cosmo", mas unicamente com o próprio homem, pois, na realidade, o que se está propondo é a técnica do uso correto

---

26. Sobre o sentido da oração, traremos maiores detalhes no próximo capítulo.

das 'leis da mente'. Este convite tem sido recebido com equívoco por parte da criatura; frequentemente é visto como a 'lâmpada de Aladim' de cada desejo humano, a garantia de que, se orar para Deus, "Ele" concederá. São 'ditos breves' com rápidas gradações que nos ensinam como devemos proceder quando desejamos alguma coisa. Este é um trabalho de *mentalização*, fruto de exercício desde que a criatura se disponha a perseverar na busca de seus objetivos, utilizando-se da força do pensamento; este, quando colocado em ação (vontade), constrói o próprio destino.[27]

Sobre o pensamento, temos ainda que ressaltar o estudo elaborado por Kardec e seus coadjuvantes espirituais sobre os três reinos[28] que, "analisando a Natureza como ponto de partida, observa que as pedras e as ár-

---

27. BOBERG, José Lázaro. *Peça e receba – o Universo conspira a seu favor*, 1.ª parte, texto 8.
28. Os três reinos, cap. XI, de *O Livro dos Espíritos*.

vores *existem*, mas *não pensam*; os animais, por sua vez, têm lampejos de pensamento; somente o homem, no entanto, é que tem a capacidade de construir pensamentos através da palavra escrita e falada e, com isso, transmitir conhecimentos". Tente, se conseguir, imaginar uma vida sem pensamentos. Para um ser humano isso significaria uma vida sem existência. Os pensamentos completam todos os nossos momentos da vida enquanto estamos acordados; também, enquanto dormimos, a mente continua trabalhando, resolvendo, muitas vezes, problemas que ficaram sem solução em estado de vigília. Podemos dizer que o 'pensar' para os humanos é como o 'voar' para as águias e o 'nadar' para os golfinhos.

Sendo os fluidos o veículo do pensamento, este atua sobre aqueles como o som sobre o ar; eles nos trazem o pensamento, como o ar nos traz o som. Pode-se, pois dizer, sem receio de errar, que há nesses fluidos, ondas e raios de pensamentos, que se cruzam sem se confundirem, como há no ar ondas e raios sonoros. Pelo pensamento, o ser humano cria "formas-pensamentos" (criações mentais ou ideoplastias) de duração mais ou menos longa, que podem ser projetadas objetivamente e captadas pelos espíritos (encarnados ou desencarnados). Somos emissores e receptores de energia. A física quântica fala em *emaranhamento*.

Quando estudamos o poder da mente, temos que entender o fluxo mental como uma propagação de ondas e partículas, baseando-nos no conceito moderno da Teoria Quântica. Portanto, quando produzimos um pensamento, estamos criando energia e gerando um campo eletromagnético que produz uma corrente elétrica, que pode ser medida pelos equipamentos. Sabemos dessa forma, que o cérebro humano produz energia que se propaga pelo Universo, da mesma maneira que as estrelas e os planetas geram energia que analisamos como radiação de fundo espectral.

O ser humano é um gerador de energia. Cada pessoa cria a sua própria energia a partir do padrão de onda cerebral que produz constantemente. Normalmente denominamos isso de POC (Padrão de Onda Cerebral), com o qual o campo eletromagnético do corpo físico e dos corpos sutis fica impregnado. Portanto, toda pessoa gera ao seu redor um fluxo de ondas e partículas baseado no que pensa e produz emocionalmente. A isso denominamos de "forma-pensamento".

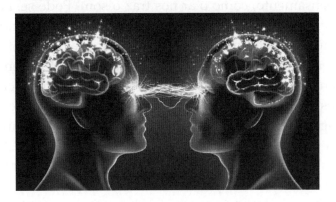

Como o UNIVERSO aceita – sem qualquer exclusão – o que pensamos será refletido em nossa realidade, na mesma frequência do pensamento. O pensamento aqui está na condição ativa (com a presença da vontade). A coisa funciona, tal como a transmissão e recepção dos aparelhos de comunicação. Quando os aparelhos estão sintonizados na mesma frequência da onda transmissora, há a 'captação' da mensagem. De igual forma ocorre conosco, com as nossas 'emissões' do pensamento; tudo que acontece são reflexos de nossas vibrações pessoais. Somos ao mesmo tempo, *receptores* e *transmissores* de energias produzidas pelo pensamento. Emmanuel afirma: "O homem custa a crer na influenciação das ondas invisíveis do pensamento, contudo, o espaço que o cerca está cheio de sons que os seus ouvidos materiais não registram".[29] Pela **vontade**, escolha o que você quer, e não aceite qualquer pensamento negativo ou contrário, que possa surgir em sua mente.

Retomemos o aforismo: *Seja feita a sua vontade*! A grande maioria ao proferir a oração do Pai-Nosso imagina um Deus (figura humana), lá no utópico céu e, ao proferir esse aforismo, se coloca numa situação de 'dependência', aceitando que somos comandados por uma vontade externa, colocando nosso 'querer' numa posição de inferioridade. Ora, na verdade, o livre-arbítrio é uma jurisdição do Universo em nós (As leis naturais estão gravadas na consciência). Se não acionamos a vontade, deixamos de ser nós mesmos, não somos nada! Confesso que também pensava assim, até que descobri que o *Khristós* (semente da Perfeição em toda a criatura) não está 'lá fora', mas dentro de mim mesmo (O reino de Deus está dentro de nós), quando oro, entro nos

---

29. XAVIER, Francisco Cândido. Emmanuel, *Pão nosso*, cap. 17.

meus 'aposentos' mentais e em silêncio sintonizo a Força Maior do Universo.

Atente que o aforismo *Seja feita a sua vontade* faz parte de coletânea de outros aforismos que, associados através dos tempos, compõem a oração do Pai *Nosso* – atribuída a Jesus – conforme afirma Juan Arias em *Jesus – esse grande desconhecido*.

No Evangelho de Lucas (11:1) consta que Jesus, estando a orar num certo lugar, quando acabou, lhe disse um dos seus discípulos: Senhor ensina-nos a orar, como também João Batista ensinou aos seus discípulos. E daí ele ensinou aos discípulos a oração do *Pai Nosso*. No entanto, há controvérsia de que ele tivesse, efetivamente, transmitido a oração, como hoje é conhecida. Os pesquisadores, em sua grande maioria, concordam que a oração foi 'montada', através dos tempos. Juan Arias[30], em seu livro, *Jesus – esse grande desconhecido –*, p. 185, afirma que: "É quase certo que Jesus **nunca** ensinou essa oração a seus discípulos, pelo menos em forma de oração, ainda que ela contenha uma ou outra frase que 'teria' sido pronunciada pelo Mestre. Trata-se, muito provavelmente, de uma oração que foi sendo construída nas primeiras comunidades com a junção de várias *sentenças* ou *aforismos* até fixar-se na forma em que chegou até nós".

Atente que há duas versões sobre o *Pai Nosso*, em se comparando com o Evangelho Q.; Mateus é mais com-

---

30. Juan Arias (escritor e jornalista) cursou teologia, filosofia, psicologia, línguas semíticas e filosofia comparada na Universidade de Roma. Durante quatorze anos foi correspondente na Itália e no Vaticano para o jornal espanhol *El País*. Antes disso escreveu para o jornal *Pueblo* trabalhos do II Conselho do Vaticano. É autor de vários livros.

pleto do que o escritor de Lucas. Constate você mesmo analisando o texto de *O Evangelho Q*.

Crossan registra três versões distintas do Pai-nosso[31]:

1. Uma é essa que aparece no Evangelho de Lucas (11:2-4), como uma invocação ao Pai, seguida de cinco súplicas. Poderia ser a súplica recolhida da Fonte Q: "Pai, santificado seja o vosso nome. Venha a nós o vosso reino. O pão nosso de cada dia nos dai hoje. E perdoai nossos pecados, pois também perdoamos a todos que nos deve. E não nos deixeis cair em tentação".

2. A outra versão é a do Evangelho de Mateus (6:9-13), mas a oração começa dizendo: Pai nosso "que estais nos céus" e nela se fazem não cinco, mas sete súplicas. As duas súplicas novas são: "Seja feita a vossa vontade, assim na Terra como no céu" e "livrai-nos do mal". Pode ser que Mateus (ou autor do texto) tenha introduzido a fórmula usada em sua comunidade quando ele escreveu o evangelho. É comum, atualmente, ouvirmos em nossas casas espíritas, a oração do Pai Nosso com a 'inserção' de outras sentenças.

3. A terceira versão é a da *Didaché*[32], onde também aparecem sete súplicas em vez de cinco. A oração começa no singular: "Pai nosso que estais no céu". Poderia ser uma variante da versão conhecida de Mateus.

---

31. CROSSAN John Dominic. *O Jesus histórico*, p. 330. É fundador e atual Presidente do Seminário de Jesus

32. Também chamada de Doutrina dos Doze Apóstolos é um escrito do século I que trata do catecismo cristão. É constituído de dezesseis capítulos, e apesar de ser uma obra pequena, é de grande valor histórico e teológico. O título lembra a referência de "E perseveravam na doutrina dos apóstolos..." (Atos 2:42).

O fato é que todas as súplicas feitas no *Pai-nosso* cristão **já existem nas preces judias.** Não são, portanto, originais de Jesus. O pão e as dívidas eram simplesmente os problemas mais imediatos que tinham que enfrentar os camponeses galileus, os jornaleiros e os habitantes da cidade, que não integravam nenhuma elite. O benefício mais evidente e imediato que proporcionava o novo *reino de Deus* anunciado por Jesus era o alívio dessas duas cargas, como sublima Crossan.[33] Assim, os aforismos, *O pão nosso de cada dia, dai-nos hoje* e *Perdoai as nossas dívidas, assim como perdoamos os nossos devedores* representam o "grito desesperado" dos camponeses, que tinham falta de tudo, razão por que aparecem na oração do *Pai Nosso*.

Quando se pronuncia essa expressão, *Seja feita a sua vontade,* está se referindo a *sua* vontade, individualmente. Se você entregar sua vontade a terceiros – seja Deus, seja Jesus, sejam espíritos, ou seja, lá quem for – você não desenvolverá o seu *Khristós* (potência divina), presente em todas as criaturas. Jesus mesmo, conforme o Evangelho de João, não incentivou a 'copiar' a *vontade* dos outros, quando afirma: "Tudo que eu faço, vós também podeis fazer", querendo com isso dizer, *se você quer, você pode!* A aprendizagem só se efetiva na *ação,* e de forma pessoal. Ninguém pode substituir a sua vontade, no ato de aprender... Você já viu alguém terceirizar a sua própria aprendizagem? Ela (a potência) só se *atualizará* – apoiando-nos na teoria sobre *potência* e *ato* de Aristóteles – se você for o agente da própria vontade. Concluí-

---

33. CROSSAN John Dominic. *O Jesus histórico,* p. 331.

mos, então, que, as Leis Naturais (Chamadas de Divinas ou Morais, pelo espiritismo) **não mudam**, nunca! Quem muda é você, por conta de sua vontade.

"A mente é o espelho da vida em toda parte".[34] A ideia do 'espelho', citada por Emmanuel, é das mais felizes do ponto de vista didático, de vez que, quanto mais pura e bela esteja a alma, mais facilmente, ela capta, por sintonia vibratória, as Leis Naturais (ou Divinas), gravadas na consciência. André Luiz leciona que "O espelho sepultado na lama não reflete o esplendor do Sol, e que, o lago agitado não retrata a imagem da estrela que jaz no infinito".[35] Além de sermos, em razão da elevação íntima, os primeiros beneficiados com raios salutares do Amor, quando em sintonia com as Leis Naturais, transformamo-nos em polos irradiadores, a orientar nossos irmãos que, ainda, se encontram em desalinho com elas. Dizemos *orientar*, uma vez que cada ser desperta por si mesmo, no tempo certo e de acordo com a sua maturidade, no processo evolutivo e embora *influenciado por forças externas, num processo interativo necessário*, incluindo aqui, a presença dos espíritos em nossas vidas, deve encontrar, por si, o "tesouro oculto" *dentro de si mesmo*.

---

34. XAVIER, Francisco Cândido. Emmanuel. *Pensamento e vida*, Cap. 1.
35. XAVIER, Francisco Cândido. André Luiz. *Nos domínios da mediunidade*, p. 19.

5

A VONTADE

A vontade é a gerência esclarecida e vigilante, governando todos os setores da ação mental.

Continuemos nesta mesma linha de raciocínio, *mente/ pensamento*, inserindo agora, mais um elemento: **a vontade.** Vejamos, inicialmente, o que dizem os dicionários sobre o conceito de *vontade*: Trata-se de uma faculdade que tem o ser humano de 'querer', de 'escolher', de 'livremente' praticar ou deixar de praticar certos atos; ou ainda, 'força interior' que impulsiona o indivíduo a realizar algo, a atingir seus fins ou desejos; ânimo, determinação, firmeza; diante de um fato, podemos desejá-lo ou rejeitá-lo. Esta ação está regulada pelo livre-arbítrio, que concede ao indivíduo a faculdade de fazer escolhas, sejam erradas, sejam certas.

Veja que se trata de um potencial latente no ser humano a ser desenvolvido, na busca de sua evolução. Atente que esta evolução só ocorre por conta da *vontade pessoal* de trabalho constante e gradativo. Quando, por fatores diversos, a nossa busca pelo 'querer' fica paralisada, não há progresso espiritual. É o que proclama a música: "Deixa a vida me levar", diante da inércia na manifestação da vontade. É o que Jesus 'teria' recomendado, aos discípulos, na linguagem bíblica: "Ide, pregai [...] **ressuscitai os mortos** [...] (Mt. 10:8). Essa ressurreição, de cunho meramente metafórico, é a de acordar a **vontade**, aquela que se encontra 'dormindo' diante dos objetivos da vida.

Dentro desta ótica, encontramos muitas criaturas que perderam o objetivo da vida e, por sugestão da religião, entregaram a *vontade*, nas 'mãos de Deus', dos 'espíritos', de 'Jesus', de Buda, de Maomé, entre outros. Ora, a vida não tem sentido, se perdermos os objetivos. Quem os perde está 'morto', do ponto de vista psicológico. Emmanuel usa a expressão: **Vivos-mortos!** Estes precisam ser 'ressuscitados', ou de outra forma, 'despertados' da inércia, diante da Vida. Ora, o crescimento não se faz por osmose! Aqui, prevalece a ideia *teísta*, em que Deus atende as preces, sem que a criatura seja artífice de seu destino. Não queremos dizer, com isso, que não seja útil a sugestão de otimismo, com o cultivo de pensamento positivo.

Ela, a vontade, é a faculdade do 'querer', do 'desejar', do 'ter intenção', da 'firmeza de ânimo', da 'decisão', da 'coragem'. No dizer de Emmanuel,[36] *"Pensar é criar. A realidade dessa criação pode não exteriorizar-se, de súbito, no campo dos efeitos transitórios, mas o objeto formado pelo poder mental, da vontade firme, vive no mundo íntimo do ser, exigindo cuidados especiais para o esforço de continuidade ou extinção".*

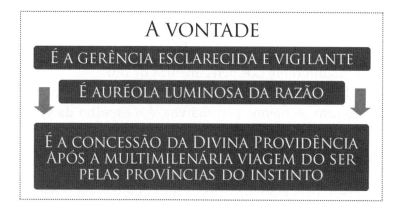

Toda criatura possui energia obediente à sua vontade, que, ligada ao seu potencial imaginativo, atua exteriormente, influenciando outras criaturas e ambientes distantes. As imagens servem, então, como matérias-primas de todas as criações intelectuais.

No dizer de Ernesto Bozzano, no livro *Pensamento e vontade*, "O pensamento e a vontade são elementos plásticos e organizadores". O pensamento é o resultado de alguém que está a 'pensar'. O homem pensa ideias; ao fazê-lo, mobiliza material plástico oriundo do corpo

---
36. XAVIER, Francisco Cândido. Emmanuel, *Pão nosso*, cap. 15.

mental, sendo que cabe à **vontade** dar direcionamento a esses pensamentos e ao sentimento, a função de dar as propriedades positivas ou negativas a essa energia mental.

Quem 'pensa' é o espírito; o cérebro é apenas o instrumento. Os pensamentos são materializados no mundo astral (espiritual) com elementos plásticos do corpo mental. Os nossos sentimentos irão dar as propriedades a esses pensamentos e a nossa **vontade**, a direção, o destino deles. Pensamentos de amor terão uma coloração e vibração diferente dos pensamentos de ódio.

A base de toda manifestação psíquica está na mente da criatura. A mente, por sua vez, é o **espelho da vida** em toda parte, e, necessita apenas, ser lapidada, educada, para que atinja a magnificência da luz. É como um diamante, em estado bruto, para se tornar pedra preciosa depende da maneira como o tratamos. Sendo espelho da vida, a mente gera a força do pensamento que movimenta tudo, criando e transformando, destruindo e refazendo, para depurar e sublimar. Isso, porque em todos os domínios do Universo, vibra a influência recíproca.[37]

Hoje, sabemos que "respiramos no mundo das imagens que projetamos e recebemos dependendo da faixa vibratória que sintonizamos, provisoriamente. A partir de nossa vontade, incorporamos o influxo renovador dos poderes que nos impulsiona à purificação e ao progresso maior".[38] As criaturas, portanto, refletem-se reciprocamente na criação os objetivos do Criador (Leis

---

37.   XAVIER. Francisco Cândido. Emmanuel. *Pensamento e vida*, capítulos de 1 a 5.
38.   Idem, ibidem, *Pensamento e vida*, cap. 1.

Naturais). Assim, o reflexo mental de cada ser reside no alicerce da vida. Esse reflexo mental delineia a emotividade e plasma a ideia; a ideia determina a atitude; a atitude e a palavra dirigem ações, que geram manifestações, que, por sua vez, são válvulas destruidoras ou alavancas positivas da existência.

6

A "VONTADE", SEGUNDO EMMANUEL

*A **vontade é sempre o impacto determinante***
para colocar em ação a força para o
desenvolvimento dos seus potenciais imanentes.

PARA ELUCIDAR, AINDA **mais, o conceito da vontade**, ancoramo-nos no magistério do espírito Emmanuel, através do médium Francisco Cândido Xavier.[39] Neste estudo, descortina-se a importância dessa mecânica universal, como instrumento de desenvolvimento do espírito, através de esforço pessoal, pela ação e pelo trabalho, sem delegação de vontade a terceiros. Somos espíritos imortais, nascendo, vivendo, morrendo, para renascer e evoluir sempre. Então, cada espírito evolui através do esforço próprio, com o labor de si mesmo. O aforismo *Seja fei-*

---

39. XAVIER, Francisco Cândido. Emmanuel. *Pensamento e vida*, Capítulo 2.

ta *a sua vontade* é o mecanismo pessoal do crescimento da independência individual, sem a ideia de *submissão* à Vontade de um Deus antropomórfico, *teísta* – criado pelo homem – que comanda tudo, interferindo até no livre-arbítrio. Já questionamos, mas vale a pena repetir: **ou se tem livre-arbítrio** ou **Deus interventor**? Você decide.[40]

6.1 A GERÊNCIA DO GRANDE ESCRITÓRIO

Comparemos a mente humana – espelho vivo da consciência lúcida – a um grande escritório, subdividido em diversas seções de serviço. Pense numa empresa com vários funcionários em que você pode ser um deles. Obviamente, na hierarquia funcional existe um Diretor geral, que decide em última instância. Aí possuímos, entre outros:

---

40. Utilizamos, para fins didáticos, do material pedagógico elaborado pelo CEFAK – Centro Espírita Fraternidade Allan Kardec, sociedade civil, de caráter religioso e assistencial, sem fins lucrativos, fundada em 6 de abril de 1963, na cidade de Taguatinga-DF.

1. Departamento do **Desejo** – nele operam os propósitos e as aspirações, acalentando o estímulo ao trabalho.
2. Departamento da **Inteligência** – dilatando os patrimônios da evolução e da cultura.
3. Departamento da **Imaginação** – amealhando as riquezas do ideal e da sensibilidade.
4. Departamento da **Memória** – arquivando as súmulas da experiência, e outros, ainda, que definem os investimentos da alma.
5. Gabinete da **vontade** – este está acima de todos, gerenciando os setores da vida mental.[41]

6.2 A VONTADE É O IMPACTO DETERMINANTE.

Embora possa contar com apoio de inteligências superiores que oferecem estímulos necessários à marcha evolutiva e contando sempre com assistência dos benfeitores espirituais, cada espírito evolui através do esforço próprio, com o trabalho de si mesmo; a **vontade é sempre o impacto determinante** para colocar em ação a força para o desenvolvimento dos seus potenciais imanentes. É, inevitavelmente, do esforço pessoal, da vontade que evoluímos. Então, esta é de cada espírito, não, milagrosamente, de terceiros.

---

41. XAVIER Francisco Cândido. Emmanuel. *Pensamento e vida*, Cap. 2.

Em assim sendo, a vontade funciona como um 'botão' poderoso que decide o movimento ou a inércia da máquina. O cérebro produz energias. O pensamento 'pensa'. No entanto, na vontade temos o controle que a dirige nesse ou naquele rumo, estabelecendo causas que comandam os problemas do destino.

Entenda-se, então, que a vontade – conquista milenar do espírito –, à medida que amadurece, decide melhor, fazendo escolhas mais precisas. A isto se dá o nome de livre-arbítrio, quando por decisão individual, coloca os mecanismos inerentes, de cada departamento, para agir ou não.

Nesta ótica, ratificamos a orientação de Emmanuel de que tudo *depende da vontade de cada um*. A vontade do ser é quem decide sempre, errando ou acertando. Se acertar solidifica a aprendizagem, ao errar parte-se para *feedback*.[42] E, assim, vai construindo o seu patrimônio intransferível, tempo a tempo, num processo infinito de

---

42. Feedback é uma palavra inglesa que significa realimentar, retornar, fazer de novo algo que não deu certo.

evolução contínua. Daí o sentido da expressão, *Seja feita a sua vontade*. Se entregarmos a alguém externo, seja lá quem ou que for (Deus, Jesus, espíritos, anjos, entre outros) o nosso crescimento, perdemos o objetivo de dar pleno desenvolvimento aos nossos potenciais. Daí, adeus evolução!

6.3 NA AUSÊNCIA DA VONTADE

Na ausência dela, somos, segundo André Luiz, em *Nosso Lar* como "alguém, que despertasse à maneira de aleijado que, restituído ao rio infinito da eternidade, não pudesse acompanhar senão compulsoriamente a carreira incessante das águas. Essas ideias e informações deformadas por educação religiosa errônea, repleta de fantasias, levam a criatura a crer que o cumprimento de algumas regras dogmáticas em sua organização religiosa, garanta-lhe a bem-aventurança, depois da morte física".[43] Ledo engano... O desejo, a inteligência, a imaginação e a memória não são acionados ficando sem controle. Ficamos inertes, dependentes da vontade externa a nós.

"Vós sois deuses", teria dito o Mestre de Nazaré, citando *O Livro de Salmos*, conforme João 10-34, referindo-se a nossa condição de seres imortais. "Podeis fazer tudo que faço e muito mais". Essa expressão "vós sois deuses" foi transportada do *Salmo 82*, presente no Antigo Testamento, para a boca de Jesus. Se não colocarmos

---

43. Cap. I, Nas zonas inferiores.

em ação a nossa vontade, permaneceremos 'mortos', diante dos objetivos da vida. A expressão é um estímulo para que não fiquemos estacionados. O quadro abaixo define as consequências daqueles que permanecem sem o uso da vontade. São os **vivos-mortos**.

6.4 A importância da Vontade

A Divina Providência concedeu-a por auréola luminosa à razão, depois da laboriosa e multimilenária viagem do ser pelas províncias obscuras do instinto. Pensamento, eletricidade e magnetismo conjugam-se em todas as manifestações da Vida Universal, criando gravitação e afinidade, assimilação e desassimilação, nos campos múltiplos da forma que servem à romagem do espírito para as Metas Supremas, traçadas pelo Plano Divino. Para considerar-lhe a importância, basta lembrar que **ela é o leme** de todos os tipos de força incorporados ao nosso conhecimento.

O termo *Divina Providência* é **teísta**. Pode, no entanto, ser entendido como o Universo, com suas Leis Naturais sábias, eternas e imutáveis, que o espiritismo chama de **Leis Morais**. A conquista do instinto e da razão, portanto, é fruto da experiência na evolução milenária do espírito, sem concessão gratuita de Deus. Tudo é conquista individual ao longo dos tempos. Nada de doação divina!

Neste raciocínio de evolução milenária do espírito, André Luiz ensina que "o **princípio espiritual**, desde o obscuro momento da criação, caminha **sem detença para frente**. Afastou-se do leito oceânico, atingiu a superfície das águas protetoras, moveu-se em direção à lama das margens, debateu-se no charco, chegou à terra firme, experimentou na floresta, copioso material de formas representativas, ergueu-se do solo, contemplou os céus e, depois de longos milênios, durante os quais aprendeu a procriar, alimentar-se, escolher, lembrar e sentir, conquistou a inteligência... Viajou do simples impulso para a irritabilidade, da irritabilidade para a sensação, da sensação para o instinto, do instinto para a razão. Nessa penosa romagem, inúmeros milênios decorreram sobre nós. Estamos, em todas as épocas, abandonando esferas inferiores, a fim de escalar as superiores".[44]

Neste entendimento, é óbvio que a vontade é também consequência de um processo evolutivo. Não nos é concedida por Deus, de forma acabada, mas 'conquistada, através dos milênios no processo evolutivo. Recebemos a vontade, tão somente, *in potencia*. Para se chegar a agir, por vontade própria, ela passou por esforço, em laboriosa viagem pelos caminhos obscuros do instinto. "O **instinto** é uma inteligência rudimentar, que difere da inteligência propriamente dita por serem quase sempre espontâneas as suas manifestações, enquanto as daquela (da inteligência) são o resultado de apreciações e de uma deliberação. O **instinto** varia em suas manifestações segundo as espécies e suas necessidades".[45]

Entendemos com o codificador, que o instinto é uma 'espécie' de inteligência, porém, não racional, e, por meio do qual todos os seres provêm as suas necessidades. Depois, quando o princípio inteligente se individualiza no Espírito (**E** maiúsculo), com o surgimento da razão e do livre-arbítrio, ele vai percorrer muitas experiências e, sua vontade, gradativamente, torna-se cada vez mais 'independente'. Daí dizer Emmanuel que "a mente é o espelho da vida em toda parte".

---

44. XAVIER, Francisco Cândido. André Luiz. *No mundo maior*, cap. 4.
45. KARDEC, Allan. *O Livro dos Espíritos*, cap. III.

6.5 Força e Vontade

"O cérebro é o 'dínamo' que produz a energia mental, segundo a capacidade de reflexão que lhe é própria; no entanto, na vontade temos o controle que a dirige nesse ou naquele rumo, estabelecendo causas que comandam os problemas do destino".[46] Embora se encontre no cérebro a mecânica de se produzir a energia da mente, o direcionamento desta energia, dando o rumo aos objetivos que se desejam, é sempre da vontade. Em outras palavras, quem constrói o seu destino é você mesmo! Se você quer, você pode!

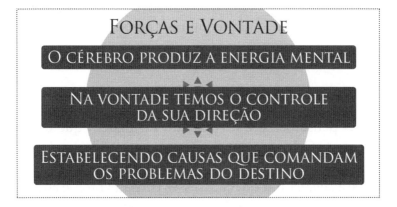

6.6 Vontade e sintonia

Só a vontade é suficientemente forte para sustentar a harmonia do espírito.

---
46. XAVIER, Francisco Cândido. André Luiz. *No mundo maior*, cap. 2.

Toda criatura possui energia obediente à sua vontade, que, ligada a seu potencial imaginativo, atua exteriormente, influenciando outras criaturas e ambientes distantes.

6.7 Vontade e disciplina

O pensamento é o resultado de alguém que está a 'pensar'. O homem pensa ideias; ao fazê-lo, mobiliza, material plástico oriundo do corpo mental, sendo que cabe à *vontade* dar direção a esses pensamentos, e ao sentimento, a função de dar as propriedades positivas ou negativas a essa energia mental.

Hoje, sabemos que *respiramos* no mundo das imagens que *projetamos* e *recebemos* dependendo da faixa vibratória que sintonizamos, provisoriamente.

7

O SENTIDO DA ORAÇÃO

*É um protocolo de nossos anseios
depositados na mente.*

COMO ELEMENTO ARTICULADOR das experiências da consciência religiosa, talvez nenhuma seja tão ostensiva quanto a oração. As religiões a utilizam como material precioso de 'subserviência' do crente. Todas as religiões praticam algum tipo de prece ou invocação, 'suposto' elo entre o humano e o transcendente. Mesmo as tradições, cujas práticas não incluem o relacionamento com deuses ou entidades exteriores – a exemplo dos diversos ramos do budismo – fazem uso de mantras, recitações, e variadas fórmulas meditativas.

Kardec asseverou no *ESE*, Cap. XXVII, item 9, que a prece serve para *pedir*, para *agradecer* ou para *glorificar*. Essa abordagem acerca da prece pressupõe um deus

90 | José Lázaro Boberg

providencial, paternal e interventor, concepção expressa no *teísmo*. Não é essa, todavia, a ideia que se depreende da questão número 1 de *O Livro dos Espíritos* – "inteligência suprema e causa primeira de todas as coisas" – uma visão *deísta*. O Deus da primeira pergunta do *LE* não é o mesmo Deus referido no restante da codificação. Essa visão de um deus solícito que atende aos pedidos, que se satisfaz com agradecimentos e espera ser louvado ou glorificado é oriunda das religiões monoteístas. Um deus demasiadamente humano, estranhamente apequenado, se comparado ao da questão n° 1 do *LE*.[47]

É comum ouvirmos que, quando se omite qualquer desordem que ocorre na vida do religioso, o ato é caracterizado como 'afastamento' de Deus. Dizem os pregadores religiosos: "Tem que orar mais!" Entre os vários tipos de oração nenhuma é tão antiga e difusa quanto a *de pedir*. No cristianismo, por exemplo, entre milhares de denominações existentes, o ato de **pedir** coisas à divindade é o modo mais habitual da prece. Emmanuel chega a fazer crítica a esta prática, dizendo: Somos "pedinchões inveterados!"[48]

O codificador em *O Evangelho segundo o Espiritismo*, usando de linguagem 'antropomórfica', diz que "Deus **assiste** àqueles que se **ajudam a si mesmos**, segundo esta máxima: Ajuda-te, e o Céu te ajudará, e não os que tudo 'esperam' do socorro alheio, sem usarem as suas próprias faculdades. Mas, na maior parte do tempo,

---

47. BENCHAYA, Salomão Jacob. Jornal "Opinião". A questão da prece (II), n.° 259, p. 3.
48. XAVIER, Francisco Cândido. Emmanuel. *Caminho, verdade e vida*, lição 65.

preferimos ser socorridos por um 'milagre', sem nada fazermos". (Cap. XXVII, item 7). A propósito, disse-nos uma consulente quando do lançamento do livro, *Milagre – fato natural ou sobrenatural?* **"Ora, se Deus não faz milagre para que serve?"**

Nesse livro, afirmo, tal como Kardec, que *Deus não faz milagre*: O Deus, aqui empregado por Kardec, embora na linguagem antropomórfica deve ser entendido 'não' como o Deus pessoal, mas como a ação das Leis Naturais que disponibilizam sempre recursos para os que 'depositam' os seus pedidos na sua mente, lembrando que estas leis estão ínsitas[49] em nossas consciências. Então, não é um ser exterior que, *por sua vontade*, vai nos atender, como comumente se crê, mas um trabalho *pessoal* daquele que ora, ou na linguagem de Kardec, aqueles que **ajudam a si mesmos!** Voltamos a insistir: As Leis naturais **não mudam. Quem muda é você!**

Para o ex-padre Marcelo da Luz: "Muitas pessoas dentro das igrejas – e o número delas pode ser surpreendentemente alto – alimentam 'secretamente' dúvidas sobre a existência do "Deus" disposto a ouvi-las. Muitos lutam com a sensação de vazio, pois apesar dos sinceros esforços em conversar com "Deus" sobre o qual falam os padres e pastores, não conseguem obter nenhuma resposta convincente".[50] "Ele" (sentido figurado) é entendido, pela grande maioria, como alguém que comanda tudo de algum lugar do universo. Pensar diferente, logo o cidadão é tachado de 'ateu' e é olhado de 'soslaio', com

---

49. NE – Ínsitas – Que nascem com a pessoa.
50. LUZ, Marcelo da. *Onde a religião termina?* pp. 85/86

certa discriminação (hoje, se diz que é *bullying*) pelos religiosos. Infelizmente é o que ensinam aos seus seguidores, basta entregar nas "mãos de Deus" que Ele atende aos pedidos! Como Ele não vai 'atender', o crente sente uma sensação de vazio.

Diz-se que 'Ele' é *amor* e que atende as criaturas em suas necessidades. Bate-se na tecla que é "só pedir", que Ele atende! Óbvio que não é de forma tão simples assim. A consecução dos pedidos está, na realidade, no trabalho psicológico da própria pessoa. "O homem só pode receber algo, na medida em que ele dá. O receber na vertical é diretamente proporcional ao dar na horizontal. A receptividade é proporcional à datividade[51]. O segredo de enriquecer não está no receber, mas sim no dar. As águas da Fonte Cósmica só enchem os canais humanos à medida que eles esvaziarem".[52]

É preciso, pois, que a criatura crie *recipiência*, ou seja, abra espaço para que haja sintonia com as Leis Naturais. Assim, muitos 'pedidos' ficam pelo meio do caminho, sem resposta alguma! Esse Deus exterior é uma criação humana. Muitos ficam decepcionados, exclamando que "Deus se esqueceu de mim!" Diante do 'silêncio' divino devastador, criam-se 'saídas' para acalmar o ânimo do crente, dizendo: "Ele sabe o que faz", "Ele sabe a hora certa em atender", "Que foi por falta de fé", e outras 'escapadelas'. Certamente, você já ouviu isso várias vezes!

Veja, então, que primeiro precisamos compreender aquilo que chamamos de Deus (criado pelos homens),

---

51. NE – Datividade – Doação
52. Lao –Tse. *Tao Te Ching*, p. 22.

senão acabamos 'descrendo' de vez, no poder da oração. Meu objetivo como escritor, no entanto não é esse. Tanto que escrevi um livro em que defendo a força 'poderosa' da oração, sob o título *A oração pode mudar sua vida*.[53] Veja, como exemplo, o fato ocorrido em uma emotiva visita ao campo de concentração de Auschwitz, na Polônia, Bento XVI, onde 1,5 milhão de vítimas – maioria de judeus – foram exterminados, diz: "Em um lugar como este, faltam palavras. No fim, pode haver apenas um silêncio no qual um coração clama por Deus. Por que, Deus, o Senhor permaneceu em silêncio? Como pôde tolerar tudo isso? Onde estava Deus naqueles dias? Por que ficou Ele em silêncio? Como pôde Ele permitir esse massacre sem fim, esse triunfo do mal?".[54]

Seguindo esta linha do Deus pessoal, clama o Pontífice: *onde está o Deus onipotente que não atua para eliminar o mal, punir os que praticam crimes e não salva e cura livrando-nos da morte*? A decepção fica por conta da ideia de Deus cultuado no paradigma judaico-cristão; neste, Ele é 'imaginado' como um ser à parte do Universo, um Deus 'amor', 'misericordioso' que tem extremo cuidado com Seus filhos. Ao permanecer na constante expectativa de receber a assistência de outro ser, a divindade, romanticamente é chamada de 'pai', 'mãe', 'esposo', 'divino', 'consolador' e outros evocativos carregados de carência afetiva. "De fato, o universo gira em torno do

---

53. Leia também: *Peça e receba – o Universo conspira a seu favor, Para falar com Deus, O poder da fé*, todas se referindo sobre a importância da oração, fora da ideia do Deus pessoa, José Lázaro Boberg, Editora EME.

54. Folha de São Paulo, Mundo, 29 de maio de 2006.

amor, no sentido de prodigalizar meios e formas de oferecer ao espírito o acesso ao equilíbrio interno e nas relações com o outro, isto é, seja feliz. A inteligência divina proporciona meios para isso, no tempo, através da lei da evolução. A singularidade individual se envolve no processo para adquirir a sua própria identidade como ser único, imortal, progressivo e atemporal".[55]

Atente que a ideia que, no geral, se faz d'Ele é a de um 'paizão' sempre pronto a atender os Seus 'filhos', mesmo sem 'contrapartida', desde que tenham fé n'Ele! As religiões abraâmicas (judaísmo, cristianismo e islamismo) pregam a existência deste 'Deus pessoal', adotado pela filosofia *teísta*. E o papa – que, obviamente, assim pensa – decepcionado com a ausência de Deus naquele ato infame, não deixou por menos, ao questionar "onde estava Deus?".

Ora, como temos insistido, o grande problema é pensar que existe um Deus-pessoa que cuida das criaturas! Não está, evidentemente, num teológico céu comandando tudo, como é exaustivamente pregado pelas religiões. Isto fica por conta do imaginário humano. No kardecismo, Deus, conforme responderam os espíritos auxiliares à pergunta de Kardec, na Questão n.º 1, de *O Livro dos Espíritos* "seria apenas *causa primária* e *inteligência suprema*, mas sem intervenções nos mecanismos e leis naturais que criou para reger o cosmo e a vida humana". Esta explicação me satisfaz. Não personifica Deus, senão Kardec teria perguntado "Quem é Deus?" Aliás, é com

---

55. REGIS, Jaci. *Novo pensar: Deus, homem e mundo.*

essa ideia inicial que o codificador elaborou as bases do espiritismo.

O curioso para o espiritismo é que, muito embora esta pergunta inicial de *O Livro dos Espíritos*, especificamente, não 'personalize' Deus, no decorrer, da elaboração da obra, Kardec e os espíritos coadjutores, no entanto, caíram na mesma 'confusão' do papa, identificando-O, em alguns momentos, Deus impessoal – que era a proposta inicial do espiritismo, – com o Deus humano, retratando o perfil do deus bíblico com sua onipotência e vontade arbitrária. Em várias perguntas, Kardec antropomorfiza Deus (Deus perdoa, Deus permite, Deus castiga, Deus premia, Deus quer ou não quer, aceita ou não aceita, entre outros)[56] e, as respostas dos auxiliares espirituais foram também de ordem antropomórficas. Explica-se, por uma razão muito simples: os espíritos que participaram na elaboração da obra de Kardec eram, na grande maioria, pais da Igreja católica (Santo Agostinho, São Luís, Cura D'ars, entre outros), que eram, obviamente, *teístas*.

Os resultados da oração, de acordo com o entendimento da criatura, são atribuídos a uma *vontade externa* ou a *uma vontade interna*. Diz-se que a *vontade interna* – que particularmente defendo – é quando você, na oração, recebe o que pede, a solução foi um trabalho pessoal e não por uma força divina exterior. Neste caso, a oração é ação interna, cujos resultados são consequências do que se 'protocola' na mente. Se você quer que seja materializado o que você pensa, abasteça-se de pensamentos

---

56. Reporte ao Capítulo 2.1, onde relaciono uma série de questões antropomórficas de *O Livro dos Espíritos*.

positivos que, no momento próprio, irão se materializar; não porque Deus atendeu você, mas porque, como diz Kardec, "Ele (Leis Naturais) assiste aqueles que ajudam a si mesmos!" É o aforismo: ajuda-te que o céu te ajudará! As pesquisas científicas têm demonstrado que orações, rezas e meditações produzem resultados positivos para quem as faz, sem com isso atribuir a um Deus humano, que está atento ao seu pedido. Podemos atribuir o resultado ao mecanismo da fé – presente em estado potencial em todos humanos – preenchendo com efeitos positivos no organismo e na psique. Pensar positivo faz bem à saúde!

Por outro lado, a vontade é externa quando a pessoa crê que os resultados obtidos na sua oração foram frutos de ajuda vinda, não de si, mas de coadjutores de fora (Deus, Jesus, Tao, Buda, Santos, Espíritos, Anjos de Guarda etc.). Aqui o "seja feita a sua vontade" é, literalmente, consequência da entrega dos nossos problemas a seres divinos, esquecendo que somos, de fato, os autores de nossa realidade. Acreditar que sermos impotentes conduz-nos à impotência. Ao permitir que uma autoridade externa nos diga o que é certo e o que é errado, não construímos o nosso querer.

Não resta dúvida de que dizer que se deve "pedir com fé", que Deus "vai atender", pode até 'consolar', 'provisoriamente', a criatura em desespero, mas não desenvolve a *espiritualidade*. Neste sentido, Kardec afirma que "fé verdadeira é aquela que pode encarar a razão face a face em todas as épocas da Humanidade".[57] E aqui voltamos a insistir num ponto fundamental quando se refere ao atendimento de nossas orações: **as Leis Naturais não mudam! Quem muda é você!**

Assim, não é porque você pede em oração que a Lei Natural (chamada de divina) vai mudar para atendê-lo! Ela é imutável... Se assim não fosse, haveria total caos na ordem Universal. Toda mudança que ocorre, por resultado de suas orações, são méritos seus. São mudanças que ocorrem dentro de você, por conta de seu trabalho pessoal! Você pode até atribuir que 'foi Deus', Jesus, Buda, Tao, certa padroeira, tal espírito, entre outros, mas, na realidade, tudo ocorreu por trabalho pessoal, nos escaninhos da alma, em suas redes neurais. (Ver sobre isso, no final do livro, o Apêndice 2).

Veja agora, diz o ex-padre Marcelo da Luz, o caso dos grandes santuários – templos construídos pelas igrejas católicas a fim de perpetuar o sucesso de alguma crença popular – para os quais acorrem multidões nas assim chamadas 'romarias'. "Hordas de devotos buscam espontaneamente o auxílio dos santos ou personalidades religiosas já 'dessomadas' (desencarnadas), em busca de alívio e consolo. Do santo espera-se o milagre – cura de enfermidades, sorte nos negócios, pagamentos de dívidas, sucesso escolar, entre outros benefícios" (...).[58] Se o que você pede der certo, não foi obviamente, por conta do santuário, seja lá qual for, mas, unicamente por conta de sua fé. Jesus, segundo os textos evangélicos, nunca

---

57. KARDEC, Allan. O *Evangelho segundo o Espiritismo*, cap. XIX, item 7.
58. LUZ, Marcelo da. *Onde a religião termina?* p. 84.

disse que curou ninguém: Sempre dizia: "Foi a tua fé que te curou!". A ideia de santuário funciona como um *catalisador*, mas tudo ocorreu mesmo dentro de você, por *força da fé*!

É neste sentido que precisamos despertar o poder de que somos dotados (o *Khristós*), sem terceirização de nossa vontade. É você que tem a Força! Poderíamos dizer, no sentido religioso, que esse poder é *Deus em nós*! É nesta mesma linha de pensamento que Jaci Regis expõe: "No nível inteligente, a partir do livre-arbítrio, que é o elemento desencadeador do conflito e solução, o universo inteligente cria uma pessoa específica, imortal, única, definida em si mesma, que percorre uma espiral evolutiva que, no nível corporal, tem na reencarnação seu instrumento básico".[59]

Então, quando você emite o pensamento, numa oração, está acionando a sua rede neural, que, pela insistência, acaba criando leira. Então, o que você pede às forças exteriores (Deus, Jesus, espíritos, santos, anjos da guarda, entre outros) está, na realidade, protocolando os seus desejos em sua estrutura mental que, com o tempo, tende a acontecer. Afinal, você é o que você pensa! É óbvio que, desconhecendo esse mecanismo psicológico, você 'atribui' o resultado à força de um objeto exterior de sua crença. Se você é budista, atribui a Buda; se é cristão, a Jesus, aos anjos, aos santos, aos santuários, entre outros. Mas a coisa aconteceu mesmo dentro de você! A mente cria, o pensamento trabalha e a vontade executa.

---

59. REGIS, Jaci. *Novo pensar: Deus, homem e mundo*, pp. 38/39.

Atente para o conselho 'atribuído' a Jesus, na citação de Mateus: "Quando orares entra no teu quarto, fecha a porta e ora ao teu Pai em secreto; e teu Pai, que vê num lugar oculto, recompensar-te-á". (Mt 6:6). O que se está propondo é um trabalho de interiorização de nossa oração, e as leis da mente conspirarão a nosso seu favor![60] Seja de Jesus, ou não, o conselho é válido, para qualquer um, pois trata de uma verdade universal. Implicitamente, está se dizendo que, pela força de seu pensamento positivo, apoiado pela sua vontade, a coisa acaba acontecendo. Mas, e se você continuar 'crendo' que é Deus que o atendeu? Pouco importa! Já registrei alhures, que "quer seja a sua fé falsa ou verdadeira o efeito será o mesmo". Pela fé, os resultados acontecerão de acordo com o que foi mentalizado (*Pedi e obtereis*!), e se você atribuir a Nossa Senhora Aparecida, Lourdes, Fátima, Buda, Jesus, Deus ou outro objeto de fé, pouco importa; eles funcionam apenas como 'catalisadores' (estimuladores, aceleradores) da ação, por conta da sugestão.

Quando lemos a citação atribuída a Jesus, "Orar sempre e nunca desfalecer" (Lc. 18:1), do ponto de vista religioso é entendido que precisamos manter-nos 'sempre' em oração para que Deus nos atenda. Nada contra. Mas do ponto de vista psicológico tem sentido de manutenção dos desejos, metas e propósitos protocolados na mente sem perder o "foco", sem esmorecer. Não parar no meio do caminho, buscar com toda força aquilo que se quer alcançar. Aquilo que você deseja e protocola

---

60. Leia o livro *Peça e receba – o Universo conspira a seu favor*!. José Lázaro Boberg.

na mente tem que ser mantido com insistência, não desviando o foco. Outro detalhe, não queira que o resultado aconteça de imediato. Cada um tem seu tempo próprio! E não poderia ser diferente, pois somos 'diferentes' de todos os outros!

Afinal, o que efetivamente você deseja? Que semente você quer plantar em sua terra mental? Não importa a natureza do pedido, pois, "**TUDO** que pedirdes em oração, crendo, o recebereis", seja o que for, conforme Jesus 'teria' asseverado segundo o escritor de *O Evangelho de Mateus* (Mt. 21:22). Nada lhe é proibido, pelas Leis do Universo. Conforme já citamos alhures, mas vale repetir, dada a importância desta citação de Emmanuel, "A vontade do espírito é acatada pela Providência (Leis Naturais, acrescentamos), em todas as manifestações, incluindo aquelas em que o homem se extravia na criminalidade, esposando obscuros compromissos. A pessoa converte, pois, a vida naquilo que deseje, sob a égide da Justiça Perfeita que reina em todos os distritos do Universo, determinando seja concedido *a cada um por suas obras*".

8

O QUE É A VONTADE DE DEUS?

As teologias são campeãs em legislar e atribuir tudo a Deus.

AQUI HÁ TODA uma polêmica interpretativa, dependendo da maturidade de cada um. Há entendimento para todos os gostos! Assim, "primeiramente, é preciso que nos 'posicionemos' sobre a ideia que temos de Deus. É a partir daí que teremos melhores condições de interpretação, já que o nosso comportamento e atitudes são influenciados pela 'imagem' que fazemos d'Ele. Podemos garantir, no entanto, que a visão que temos da divindade é 'do tamanho de nossa evolução espiritual'. Dependendo do estágio evolutivo e da cultura de cada povo, tem-se a forma como 'Ele' é imaginado e 'Sua' influência sobre a vida das criaturas".[61]

---

61. Sugiro a leitura do livro *Leis de Deus – eternas e imutáveis,* na introdução e no cap. 1, onde trato das Leis Naturais.

E, nesta linha de raciocínio, insistimos na interpretação das duas formas de pensar: a *teísta* e a *deísta*. Para o *teísta*, ela tem conotação de 'submissão', de 'subserviência', de 'dependência' total a um Deus, tipo antropomórfico (Deus pessoa) que intervém constantemente no mundo, monitorando tudo. Atende às súplicas das criaturas, ora permitindo, ora não permitindo; ora perdoando, ora punindo os pecadores; ora derrogando suas Leis, com a realização de milagres; ora julgando as criaturas nas suas ações ou mesmo pelos pensamentos. É um verdadeiro super-homem, uma verdadeira inteligência sobrenatural, que 'castra' a vontade de cada um. É sob este entendimento a imagem projetada pelas criaturas, por conta da influência ostensiva dos credos religiosos, a do Deus judaico-cristão do Velho Testamento, entidade colérica, vingativa e malevolente que, de certa forma, ainda influencia o mundo cristão, na atualidade. É a cultura que ainda se tem de 'Deus julgador', sentado 'lá em cima' (como eram os reis em seus tronos) em espreita eterna, registrando se agimos de acordo com 'Sua vontade'.

Já para o *deísta*, quando se diz que o homem tem que se "submeter" à *vontade de Deus*, está se referindo a viver sob a égide das Leis Naturais, no sentido de que não há julgamento por um Tribunal externo, mas pelo Tribunal da própria consciência, onde estão inscritas as Leis Naturais, conforme informaram os espíritos (questão 642 de *O Livro dos Espíritos*). Entenda-se, neste caso, conforme já nos reportamos que, como essas Leis não são elaboradas nas Casas Legislativas, por representantes eleitos pelo povo, para esse fim, decidiu-se dizer que elas são **Leis de Deus/Leis Naturais.**

No entanto, caso você seja ateu, não aceitando a existência de Deus, poderá referir-se a elas, tão somente por LEIS NATURAIS. Fica tudo certo. Cito alhures, nesta mesma linha de reflexão, Carl Sagan, dito como ateu, quando afirma: "Se por Deus se quer dizer [...] o conjunto de leis físicas que governam o Universo, então é claro que esse Deus existe". Assim, diz ele, "não faz muito sentido rezar para a lei da gravidade". Ela não vai **mudar** nunca! Você é que tem que se **adaptar** a ela. No caso da lei da gravidade, se três pessoas pularem de uma montanha, pouco importando se são religiosas, ateias, ou agnósticas, ninguém vai se salvar. Todas vão se espatifar no solo. Podem, no entanto, **adaptar-se** a ela, pulando de 'asa delta' ou de 'paraquedas'. Veja a lei da gravidade, que é uma lei natural, não muda. Você, para evitar o desastre, é que precisa criar mecanismo de adaptação a elas. Dá para entender a diferença?

O Universo é regulado por Leis Naturais, que são aquelas segundo as quais ele funciona. Deve-se destacar que uma Lei da Natureza é uma descrição da realidade, e de como a Natureza se comporta. Elas atuam independentemente de nosso *querer*. Por conta disso, primeiro a Igreja, depois, o espiritismo passou a dizer que elas são *Leis de Deus*, já que não foram elaboradas pelo homem. Eis aí a diferença essencial. O espiritismo as chama, ainda, de **Leis Morais.**[62] Você já parou para pensar? Trata-

---

62. Sugiro a leitura dos livros: *Leis de Deus – eternas e imutáveis* e *Da moral social às Leis Morais*, de minha autoria.

-se, obviamente, de uma força de expressão. Em relação a esta questão, faço minhas as palavras de Jaci Régis, quando afirma que, "a Lei Divina ou natural, não cogita de julgar, condenar, ou seja, Lei Natural não é uma 'lei moral' no sentido que se costuma dar a essa palavra. Ela controla a vida universal estabelecendo uma diretriz positiva que sobrevive e se impõe no aparente caos e nos limites do livre-arbítrio".[63]

Assim, *Vontade de Deus* é mera "força de expressão" criada pela Teologia, em especial entre os cristãos, com o objetivo de se criar 'dependência' a Deus, que, em última análise, é a **vontade da Igreja**, usurpando do espírito sua própria vontade. Ao se inculcar na mente do crente que tal afirmação é *Vontade de Deus*, faz-se que se aceite tudo sem contestação! E aí, então, vem ainda a invenção do pecado contra Deus! *As teologias são campeãs em legislar e atribuir tudo a Deus*. Fica mais fácil estabelecer o domínio sobre os incautos! Há, a título de exemplo, a famosa súplica atribuída a Jesus: "Pai, se queres, afasta de mim este cálice; entretanto, não seja feita a minha vontade, mas o que Tu desejas!" (Lc 22:43). O que se prega, nesta súplica, é que só seremos felizes se fizermos a vontade de Deus, não a nossa. Note-se que aqui não se está referindo a Leis Naturais! Nesta ótica, você é um 'nada', um 'fraco', "um zero à esquerda", um 'subserviente', sem vontade própria! E, assim pensando, ou faz a Vontade *de Deus*, ou sofrerá consequências; por 'punição' aos infratores, e, premiação, para os 'subservientes'

---

63. REGIS, Jaci. *Novo pensar: Deus, homem e mundo*, pp. 35/36.

(os que fazem a Vontade de Deus). Isto, na verdade, se você parar para pensar, verá que se trata de um verdadeiro imbróglio da teologia!

Na oração do *Pai-Nosso* é utilizado esse aforismo, *Seja feita a Sua vontade* (na Terra como no céu), no sentido de que *não* somos donos do livre-arbítrio, mas 'dependentes' da Vontade de Deus. Tudo que fazemos está sob a lupa divina, e um Deus (tipo judaico-cristão) age como um fiscal permanente de nossos atos. Conforme já nos reportamos, é esta a ideia defendida pelos *teístas*, no sentido de que Ele (tão somente, no sentido figurado, pois Ele não é pessoa), além de ser o Criador de tudo, ainda mantém uma 'marcação cerrada' sobre suas criaturas, julgando-as, pelos seus atos. Isto, todavia, faz parte da cartilha teológica que formata, pela insistência, o 'imaginário' religioso, com o intuito de manter o crente sob as "rédeas curtas" de sua organização religiosa. Pense: ou se tem o livre-arbítrio, quando escolhemos os caminhos, por *vontade própria*, sem interferência de ninguém ou somos tão somente meros *robôs* ou *marionetes* de um 'Deus julgador' que obriga a criatura a atrelar-se a Sua vontade.

Repetindo o que já disse, não existe julgamento externo, como ocorre nos tribunais humanos. O julgamento espiritual é algo que ocorre no Tribunal da própria Consciência e, o mais importante, só no momento do entendimento, que o ato praticado está em sintonia vibracional com as leis naturais (chamadas de Divinas, ou Morais). Disse no livro *A oração pode mudar sua vida*, que, quando se refere à vontade de Deus, não se trata de um julgamento feito por um *Deus pessoa* (antropomórfico), mas um julgamento pela própria criatura, tendo como parâmetro as Leis Naturais. Estas Leis estão gravadas na consciência.[64] Então, quem faz o 'certo' só na frente do superior hierárquico, a fim de agradá-lo está enganando a si mesmo, pois o que importa mesmo é a aprovação de sua consciência.

É neste sentido que manifesta Paulo: "Não servindo à vista, como para agradar aos homens, mas como servos do Cristo, fazendo de coração a vontade de Deus".[65] Observe-se que o texto nos mostra que o caminho para a harmonia e a paz íntima, é servir fazendo a *vontade* de Deus. O que é essa *vontade*, senão a manifestação de Deus (Universo), através de Suas Leis, gravadas na consciência de cada um? Hoje, se fala muito nos textos bíblicos em ações para 'agradar a Deus'. Ora, Deus (Inteligência Suprema, sem sentido de Deus pessoa) não precisa de 'agrado' algum. Você é que agrada a si mesmo, quando age corretamente, ou seja, de forma ética e moral. Equilibra-se, vibracionalmente, com as Leis do Universo...

Veja que, segundo projetava Kardec, o espiritismo haveria de ser uma síntese filosófica da própria lei natural. Inscrita na consciência do ser humano, a lei natural tem caráter universal, de conteúdo possível de ser de todos conhecido, embora nem sempre e a um só tempo por todos compreendido (questão 619 de *O Livro dos Espíritos*).

---

64. KARDEC, Allan. *O Livro dos Espíritos*, Questão 621.
65. Cartas aos Efésios 6:6.

Em meu livro *O código penal dos espíritos – a justiça do Tribunal da consciência* – trago conceitos importantes, que, a meu ver, oferecem ampla reflexão sobre esta questão. Que lhe parece mais lógico e racional o julgamento:

1. Por um *pseudo*-Deus, em forma humana, de algum lugar, que está a todo instante a nos julgar?

Ou,

2. Pela *consciência*? Vale a pena ler esta obra! Ela dará mais racionalidade ao seu pensamento.

"Digamos que fizemos algo de errado, prejudicial a alguém. Esta não é uma prova qualificada para o júri celeste, o **Tribunal da própria Consciência.** Mas se vimos outra pessoa fazer a mesma coisa e a julgamos, então essa peça de direito por nós julgada passa a valer como julgamento para todas as vezes que agimos de forma semelhante. **Somos julgados por nosso próprio julgamento**. Se passássemos pela vida afora sem emitir qualquer julgamento, não poderíamos ser julgados de nada. Ao julgar, acrescentamos outros itens pelos quais novos processos podem ser abertos contra nós mesmos".[66]

Disse na introdução de *O Código penal dos espíritos – a justiça do tribunal da consciência*, que: "Segundo os pressupostos claros e racionais da doutrina espírita enten-

---

66. BONDER, Nilton. *Código penal celeste*, pp. 50-51. Os negritos são acréscimos nossos.

108 | JOSÉ LÁZARO BOBERG

demos que a Justiça Divina desconhece o conceito estabelecido pelos homens: *de que as faltas cometidas na Terra, só serão apuradas, um dia, no plano espiritual, após a desencarnação"*.

Complementando: "Pela nossa ótica, o julgamento se dá no plano da *consciência*, sempre em consonância com o despertar do entendimento, e ocorre no foro íntimo de cada criatura, de acordo com o grau de evolução. Independe, portanto, de local especial ou de tempo determinado, para que esta justiça funcione, quer o espírito esteja no corpo físico, quer fora dele, pois cada um é julgado por si mesmo, mediante a consciência de seus erros". No dizer de Emmanuel: *"Não é preciso atravessar a sombra do túmulo para encontrar a justiça face a face; nos princípios de causa e efeito, achamo-nos incessantemente sob a orientação dela, em todos os instantes de nossa vida"*.[67] O que importa é que ela funcione! ... O objetivo da Justiça Divina é pedagógico – sem qualquer relação prêmio--castigo – em que as ações *equivocadas* são sempre recursos educativos.

A respeito deste assunto, André Luiz, ao se deparar 'fora' do corpo físico, na *Colônia Nosso Lar*, diz-nos que se surpreendeu no mundo espiritual, ao defrontar-se com *um novo tipo de julgamento*, diferente daquele que aprendera na religião que seguia, *de que as faltas cometidas na Terra, só serão apuradas, um dia, no plano espiritual, após a desencarnação*: *"Não me defrontavam tribunais de tortura, nem me surpreendiam abismos infernais;*

---

67. XAVIER, Francisco Cândido. Emmanuel. *Fonte viva*, lição 160.

contudo benfeitores sorridentes comentavam-me as fraquezas como quem cuida de uma criança desorientada, longe das vistas paternas".[68] O que lhe doía era apenas a *consciência*...

Atente, então, por esse seu depoimento, que não existe julgamento de um ilusório Deus (pessoa), porque ele se dá no plano da *consciência*, com o despertar do entendimento e ocorre no foro íntimo de cada um, de acordo com o grau de evolução. Independe, portanto, de local especial (Céu ou Terra) ou de tempo determinado, para que a justiça funcione, quer o espírito esteja, em estágio, no corpo físico, quer fora dele, pois cada um julga a si mesmo, mediante o 'despertar' da *consciência*.

"Longe vai o tempo em que a razão admitia o paraíso ou o purgatório como simples regiões exteriores: céu e inferno, em essência, são estados conscienciais e, se alguém agiu contra a Lei, ver-se-á 'dentro de si mesmo' em processo retificador, tanto tempo quanto seja necessário" pelos desvios da alma.[69] André Luiz não deixa por menos, anunciando, nesta exposição, que a vontade de Deus é a sua vontade (grifamos); aquele que se desalinha das Leis naturais, entra em processo de correção, tanto tempo quanto necessário. Acrescente-se, ainda, o que João Paulo II disse: "o céu, o inferno e o purgatório não são lugares reais". Isto que o pontífice disse, recentemente, para o espiritismo não é novidade nenhuma. Para Kardec, céu e inferno são estados de espírito, sem qualquer sentido teológico de locais geográficos.

---

68. Idem. Pelo espírito André Luiz. *Nosso Lar*, p. 34.
69. Idem, ibidem. *No mundo maior*, cap. 8.

9

SEJA FEITA A SUA VONTADE

> *Do ponto de vista religioso, expressão que estimula a 'submissão' e 'dependência' a uma pretensa* **Vontade superior**, *características dos estágios primitivos de nossa evolução.*

No livro ***A oração pode mudar sua vida***, na sua 2.ª parte, anotei minhas reflexões sobre *a oração do Pai-Nosso*, onde cada *aforismo*[70] recebeu interpretação, sob a ótica racional, ou seja, *deísta*. Em outras palavras, sem a ideia do "Deus pessoa" que, sob a ótica *teísta*, exige a 'subserviência' de Sua criatura, sob pena de sanções. A tí-

---

70. Aforismo é qualquer forma de expressão sucinta de um pensamento moral. Do grego "aphorismus", que significa "definição breve", "sentença". Alguns sinônimos de aforismos são: ditado, máxima, adágio, axioma, provérbio e sentença. Exemplos: "Quem com ferro fere, com ferro será ferido"; "Atire primeira pedra quem estiver sem pecados"; "Seja feita a sua vontade"; "Bem-aventurados os pobres de espírito, porque deles é o reino dos céus", entre outros.

tulo de suporte didático, lembramos ao leitor, como já me reportei no capítulo 4, que essa oração do *Pai-Nosso*, segundo pesquisadores não surgiu de uma só vez; ela é fruto de uma somatória de 'máximas' ou aforismos, já usados muitos séculos antes de os Evangelhos canônicos serem elaborados, até serem agrupadas numa só oração, 'atribuída' a Jesus, não são, portanto, originais dele. É óbvio que esta informação não diminui em nada a beleza e importância da oração.

Assim, aproveitamos a análise já feita do aforismo, *Seja feita a sua vontade*, constante no citado livro, com alguns acréscimos. Senão, vejamos: conclama-se neste item que, como as criaturas vivendo sob a égide das Leis Naturais têm, obviamente, de se adaptar a elas. De outra forma: Deve-se estar em sintonia com elas, que seria a chamada, "Vontade de Deus", como já comentei. Vontade de Deus, no sentido *deísta* é viver em sintonia com as Leis Naturais. Kardec e seus auxiliares espirituais ensinam, na questão 614 de *O Livro dos Espíritos*, que "A Lei Natural é a lei de Deus. É a única verdadeira para a felicidade do homem. Indica-lhe o que deve fazer ou deixar de fazer e ele só é infeliz quando dela se afasta".

Dentro desta linha de entendimento, Kardec questiona os seus auxiliares espirituais, na questão 794 de *O Livro dos Espíritos*, **se a sociedade poderia reger-se unicamente pelas Leis Naturais, sem o concurso das leis humanas**, obtendo como resposta: "Poderia, se todos compreendessem bem e quisessem praticá-las; então, elas bastariam. Mas a sociedade tem suas exigências e precisa de leis especiais". Aqui fica clara a necessidade da separação entre Leis Naturais (chamadas de Leis de Deus e/ou Morais), das leis humanas. Então, as leis humanas serão mais perfeitas quando, ao serem elaboradas, estiverem em consonância com as Leis Naturais.

Assim como no Estado democrático de direito, cada país cria sua Constituição, isto é, sua Lei Maior, e, por consequência, todas as leis infraconstitucionais criadas, ou seja, aquelas abaixo delas, precisam respeitar os seus princípios, para não serem catalogadas, como *inconstitucionais*, também, com as Leis Naturais, para o espiritismo, ocorre o mesmo. Porém, com mais seriedade, pois não são 'transitórias', como no caso das leis humanas, e, sim, eternas e imutáveis. Por analogia ao Direito Constitucional, podemos comparar essas Leis Naturais como as chamadas "cláusulas pétreas", na doutrina das Constituições, pois são imutáveis e eternas. Só são mudadas por golpe de Estado. Muito embora tenhamos plena liberdade de agir, conforme bem entendermos, pois somos dotados de livre-arbítrio, quando fazemos escolhas *equivocadas*, destoantes da Lei Natural, respondemos por elas, porém, tão somente, na medida da compreensão.

Ratificando: Diz-se em linguagem religiosa que 'errar' é pecado. Ora, na verdade, pecar (errar) é legítimo, pois faz parte do livre-arbítrio. Não haverá julgamento divino, apenas, 'num dia' no chamado mundo espiritual, quando deixamos as vestes carnais. O momento se dá pela própria criatura, com o seu *despertar*, nos recônditos da consciência, onde estão inscritas essas Leis Naturais.

Nesse sentido, não é só com a desencarnação que se tem o 'dia do julgamento'. Este momento é o de cada

114 | José Lázaro Boberg

um. A acusação é feita, portanto, por nós mesmos, quando, pelo despertar da consciência, entendermos o ato praticado, como discordante com a Lei Divina. Não é Deus, portanto, o julgador (Juiz), nem o acusador (Promotor), mas sim, são Leis Naturais – presentes em todas as criaturas – é que são acionadas como atos infracionais do próprio espírito. Quando a consciência nos acusa, e percebemos que agimos em desconformidade, com a Lei Natural – cada um no seu tempo – brota um sentimento de desconforto na alma, que só voltará à normalidade, quando se alinhar novamente com elas.

Jesus se dissesse "esse Deus é magnífico, superpoderoso, é capaz de executar a própria vontade sem nenhum problema, Ele ergue um muro inimaginável. Pede para os seres humanos orarem para que Deus faça a sua vontade. Ele quis dizer que, **se o ser humano não agir, Deus não age (grifos nossos)**. A liberdade do Autor da existência encontra limites na liberdade humana".[71] Isto quer dizer que, com a conquista do livre-arbítrio, Deus (Leis Naturais do Universo) não interfere **nunca** em nossa liberdade. Só aprendemos, efetivamente, sendo livres, sem prisão alguma, seja de Deus, seja das religiões constituídas. O que chamamos de Deus, age sempre através de leis, e o homem aprende por seus próprios méritos, sem amarras de qualquer natureza.

Nesta linha de raciocínio, se você lê pela cartilha *teísta*, então, poderia perguntar: – Mas Deus (o antropomórfico) não é todo-poderoso e não poderia executar Sua

---

71. CURY, Augusto. *Os segredos do Pai-Nosso*, p. 126.

vontade, quando a criatura erra em seus passos? Deus é uma Inteligência Suprema e não um super-homem e, portanto, não interfere **jamais**; o projeto que você cria, que é respeitado pelas Leis do Universo. Reportemos ao fato já citado do papa Bento XVI, quando disse ser impossível entender "triunfo do mal" e clama em sua oração, perguntando: Por que, Deus, permaneceu em silêncio? Este clamor do pontífice está calcado no pensamento *teísta* do Deus judaico-cristão, que interfere nas ações humanas.

Assim, se as Leis Naturais 'mudassem' (elas são eternas e imutáveis) elas passariam a ser um joguete dos interesses humanos, que são mutáveis a cada momento. O projeto do Universo seria um caos total. No entanto, as Leis do Universo só entram em ação (fluem) se o ser humano agir (criar espaço íntimo) por efeito da ação do bem. A liberdade é o melhor caminho para a construção de nossos valores. A vontade divina (Leis Naturais) não canaliza em nosso interior de cima para baixo. "Ele" (sentido simbólico) aguarda sempre o *despertar* da criatura, para que Sua potência flua no ser humano.

Diante desta lógica insofismável é que Jesus orienta roguemos a Deus que *seja feita a Sua vontade*. *Pedi e obtereis. Buscai e achareis. Batei e abrir-se-vos-á.* O primeiro passo é nosso. Repetindo, as Leis jamais interferem em nossa liberdade. Pelo desenvolvimento da inteligência colocamos em ação a nossa vontade, e somos responsáveis pelos nossos atos. Não existem *milagres*, como insistem as crenças fundamentalistas (*teístas*). Pedir milagres é querer que as Leis Naturais sejam derrogadas!

De acordo com a atitude tomada diante das situações, as Leis Naturais agem, ou seja, alinham-se, vibracionalmente, com a vontade do espírito. Veja que a vontade partiu do homem, criando condições propícias para que se usufrua da sintonia com as Leis Naturais, perfeitas e imutáveis.

Numa visita que tive a felicidade de fazer ao Chico Xavier, notei a sabedoria daquele espírito. Quando as pessoas lhe pediam conselhos (aliás, era o que faziam!), se deveriam fazer 'desta' ou 'daquela' maneira, em determinadas situações da vida, o saudoso médium, sabiamente, dizia: – "Vamos orar e pedir que os espíritos intuam para que você encontre a solução ideal". Ou, "vamos pedir a Deus, em orações por você". Jamais indicava a solução, pois, se assim o fizesse e não desse certo, logicamente voltariam até ele e iriam dizer: O seu conselho, Chico, não deu certo! O Universo age da mesma forma. Quem indica caminho é responsável. Pelo livre-arbítrio, temos plena liberdade para construir o nosso projeto pessoal. Por consequência, se a ação estiver de acordo com as Leis Naturais, elas se manifestarão por sintonia vibracional.

O que se deseja, portanto, é que o espírito siga a sua vontade, dotado que é do *Khristós* (semente divina). O espírito encontra-se sob dois polos: um, superior, sempre sugerindo ações superiores no bem para sua evolução, mesmo que, para isto, tenha que ultrapassar a *porta estreita*; o outro, impulsionando para a *porta larga* das paixões desequilibradas, aos prazeres e gozos egoístas. Este é processo necessário para que o espírito aprenda com seus próprios *equívocos*. Aliás, usamos a expressão, *equívoco*, para não dizer *pecado* – linguajar teológico – como tradicionalmente se usa, que é sempre fruto da falta de experiência da criatura em suas escolhas. O bem ou o mal é sempre consequência da ação. Dizendo de outra forma: é um resultado. E o resultado é um experimento do livre-arbítrio.

"Todos somos testemunhas e atores nessas lutas titânicas que nos envolvem. E muitos se esforçam e sofrem nesse árduo combate, procurando fazer a *Vontade divina* com sacrifícios inauditos. Ora, o pedido salienta a necessidade de o espírito fazer espontânea e naturalmente a vontade do Pai, que se manifesta através de Sua Partícula em nós, o Cristo Interno (o *Christós*), que constitui nosso EU Profundo, e que sempre nos chega ao "eu" pequeno através da voz silenciosa de nossa consciência. Isso, exatamente, está expresso com clareza na fórmula: *seja feita Tua vontade na Terra* (na personalidade) *assim como nos céus* (na individualidade). O que mais uma vez comprova que o *estás nos céus* significa, *que estás em nosso íntimo, dentro de nós, em nosso coração*, isto é, na individualidade".[72]

---

72. PASTORINO, Carlos Juliano Torres. *Sabedoria do Evangelho*, 2.º vol. p. 125.

10

A FÉ E A VONTADE

> *Conseguir a fé é alcançar a possibilidade de não mais dizer: "eu creio", mas afirmar: "eu sei", com todos os valores da razão tocados pela luz do sentimento.*
> **Emmanuel, O consolador, questão 354.**

ANTES DE QUAISQUER comentários sobre a relação entre a *fé e a vontade*, precisamos conhecer, o verdadeiro sentido da *fé*. De um modo geral, quando abordada, ela é relacionada à *crença religiosa*. Assim, ao dizer a uma pessoa que ela *precisa ter fé*, vem logo à mente a ideia de *religião*, como se ela tivesse 'necessariamente' de estar vinculada à determinada crença religiosa. Até pode ser, mas não como condição obrigatória, pois em essência, a fé encontra-se em estado latente em todos os seres. A fé é o mecanismo mais utilizado pelas religiões, no processo de 'cooptação' de devotos.

No dizer de Emmanuel[73], a fé é "*Força que nasce com a própria alma, certeza instintiva na Sabedoria de Deus que é a sabedoria da própria vida*". Trata-se de uma das 'potências' da alma, entre tantas outras, e, portanto, com a força em 'gérmen', para 'vir a ser'. "Todas as faculdades existem no homem em estado rudimentar ou latente. Elas se desenvolvem conforme as circunstâncias lhes sejam mais ou menos favoráveis". (Questão 754, de *O Livro dos Espíritos*). Ela jamais vai se desenvolver de forma 'milagrosa', por cópia dos outros ou por 'doação' divina. Muitos creem que é Deus que concede fé 'poderosa' a certas pessoas!

No entanto, não é assim. Ela é fruto de batalha do ser em busca de sua evolução, num processo contínuo. Podemos ainda compará-la, figurativamente, a uma **semente** em estágio embrionário, que, para se chegar a uma árvore adulta enfrenta os mais variados obstáculos. Para Kardec e seus auxiliares espirituais trata-se de "um *princípio* adormecido, cabendo ao próprio ser fazer germinar e crescer por força de sua vontade ativa".[74]

Sendo, então, a fé uma construção pessoal, sem o sentido de doação divina, cabe a cada um 'exercitar' esse potencial imanente. Se compreendêssemos a 'força' que trazemos em nós, e se quiséssemos colocar em ação a *vontade* a serviço dessa força, seríamos capazes de realizar coisas extraordinárias, que seriam interpretadas como 'milagres' ou 'prodígios'; no entanto, não passam do desenvolvimento de nossas próprias potencialida-

---

73. XAVIER, Francisco Candido. *Pensamento e vida*, cap. 6.
74. KARDEC, Allan. O *Evangelho segundo o Espiritismo*, cap. XIX, item 12.

des. O objetivo da vida é dar plena expansão a esses potenciais, que, para fins didáticos, pode-se comparar à expressão, 'atribuída' a Jesus: *Brilhe a vossa luz!* (Mt. 5:16). Não se trata, obviamente, de uma expressão mística. A recomendação do Nazareno é de que o potencial de luz de cada espírito deve fulgir em sua grandeza plena, por conta própria. Esta é uma ação que ninguém pode fazer por você... Mesmo que você se filie a uma organização religiosa, a maturidade da fé vai depender única e exclusivamente de sua evolução pessoal.

Veja o caso de muitas curas religiosas atribuídas a líderes espirituais, seja lá de que crença for. Estas não ocorreram por 'intercessão' de uma força exterior (embora, o religioso assim pense!), ou, por conta de o doente estar visitando um lugar considerado 'sagrado' (Santuários de Aparecida no Brasil, de Lourdes na França, de Fátima em Portugal, entre outros), mas pela *vontade* pessoal de se colocar em ação seu potencial. Na verdade, o lugar só é considerado 'sagrado', tão somente, porque o devoto o *sacraliza*.

Pesquisas científicas têm demonstrado que a fé, como força interior, presente em todos os seres, pode ser ativada por meio de vários mecanismos; um deles é a *religião*, talvez um dos mais poderosos fatores de despertamento. Esse 'querer', desperta o mecanismo mental, chamado *fé*, que, por *força da vontade* (gerência esclarecida da mente), colocará em ação um impulso energético na busca do alvo desejado. Não nos esqueçamos de que Jesus, segundo a informação dos Evangelhos, jamais arrogou a si, qualquer prodígio, quanto às curas que, eventual-

122 | José Lázaro Boberg

mente, tenham ocorrido, por conta de sua presença. Muitos 'torcem o nariz' com essas afirmações, mas Jesus nunca curou ninguém! Não fez milagre algum! O que consta nas citações é que ele teria dito: "Foi a tua fé que te curou", "tudo é possível àquele que crê". A força da cura está na própria pessoa!

Assim, com suporte nestas palavras 'atribuídas' a Jesus, podemos, igualmente, complementar que tudo é possível àquele que deseja 'ardentemente' a consecução de determinado objetivo. André Luiz nos fala em *Nosso Lar* sobre "*desejar, saber desejar* e *merecer*". Em outros termos, vontade ativa, trabalho persistente e merecimento justo.[75] Como isto ocorre? Aquele que deseja se 'predispõe' de uma *vontade* firme, seguindo em frente para que o seu objetivo seja alcançado.[76]

Mostrando que a *vontade* é 'força determinante' para a materialização de nossos objetivos, conta-se a história de um centurião, da cidade de Cafarnaum[77], que procurou Jesus para que este curasse um criado seu, que estava paralítico em sua casa. Mas estava ele imbuído de tanta fé, que disse a Jesus que não precisava 'ir até lá', na sua casa, onde estava o doente, mas que apenas expedisse uma *ordem mental*, que tinha absoluta certeza de que ocorreria a cura. E Jesus teria dito: *Seja feito conforme a sua fé!* Nestas anotações de Mateus constam que, na 'mesma hora', o criado foi curado. Trata-se obviamente

---

75. XAVIER, Francisco Cândido. André Luiz. *Nosso Lar*, cap. 7.
76. Nesta linha de compreensão, sugiro a leitura de dois livros que também tratam do assunto, *Peça e receba – o Universo conspira a seu favor* e *O poder da fé*.
77. Mateus, 8:5-13.

de apenas uma 'história', não um fato histórico ('verdadeiro'), mas que pela mecânica quântica, a coisa corre mais ou menos por aí. Essa façanha está catalogada entre os "milagres" de Jesus[78]. Pela *vontade* do centurião, a cura ocorreu, por força de sua fé. O criado 'poderia' ter recebido, portanto, a distância, a projeção mental do centurião, que fez desencadear a cura. Jesus teria agido apenas como um 'catalisador', acionando a 'própria força' mental do centurião.

E, assim, analisando a força de que somos dotados, ensina Emmanuel que: "Na esfera **de cada criatura**, Deus pode tudo; não **dispensa**, porém, a cooperação, a *vontade* e a confiança dos filhos para realizar. **(grifos nossos).** Um pai que fizesse, mecanicamente, o quadro de felicidades dos seus descendentes exterminaria, em cada um as faculdades mais brilhantes".[79] Todos estão em processo de evolução e, cada um é responsável pelo desenvolvimento de seu patrimônio espiritual, confiando em si mesmo e pela *vontade* de 'fazer acontecer' os seus objetivos.

Entendamos na expressão, "Deus pode tudo", como a ação das Leis Naturais. Assim, "Deus não é o universo *per si*, mas **emana de todo o universo**. E o universo inclui todas as coisas e todas as partículas e todos os seres".[80] Quando em sintonia com elas, esta força está a nossa disposição desde que ofereçamos 'recipiência' para sua ação em nós. É o "ajuda-te que o céu te ajudará", constante do pronunciamento atribuído a Jesus de Nazaré.

---

78. Sugiro ler o livro *Milagre – fato natural ou sobrenatural?*, p. 155.
79. XAVIER, Francisco Cândido. Emmanuel. *Caminho, verdade e vida*, lição 14.
80. NEWBERG, Andrew. *Quem somos nós?* p. 206.

124 | José Lázaro Boberg

Feitas essas considerações sobre a fé, você mesmo pode responder às perguntas que trazemos para nossa reflexão:

10.1 PODE-SE TER FÉ, SEM PERTENCER A NENHUMA RELIGIÃO?

É óbvio que **sim**, pois, a fé não é propriedade de religião nenhuma, embora ela seja mecanismo fundamental para a formação religiosa do crente. Pode-se, portanto, ser **ateu** e ter fé. Ou, não aceitar Deus, como ele é apresentado pelas religiões (Deus pessoa), e ter fé na sua força interior. Você já percebeu que muitos ateus, embora sejam discriminados pelos crentes, são homens bons, honestos, muitas vezes, até melhores do que os que se 'dizem' religiosos? Estes, frequentemente, só 'batem no peito', enquanto aqueles realizam! Muitos são verdadeiros sepulcros caiados! Quais são os mais eficientes no ato de participar na obra da criação?

Neste sentido, diz o rabino e filósofo inglês Jonathan Sacks: "quem ora, mesmo sem acreditar, se conecta com Deus como um aparelho digital plugado na rede".[81] O que o rabino quer dizer, de outro modo, é que vivemos em um 'mundo de energias', e quando emitimos pensamentos, conectamos, automaticamente, com as Leis Naturais (ou divinas), na faixa vibra-

---

81. Citado no livro *Peça e receba – o Universo conspira a seu favor*, p. 145. Entrevista com Jonathan Sacks nas páginas amarelas da Revista Veja, edição 2356, de 15 de janeiro de 2014, sob o título "A conexão bluetooth com Deus".

tória do estágio em que nos encontramos. "Tudo em sua vida tem a frequência específica de quem você é". Parece estranho, não é? Acontece que a oração é um 'protocolo' de intenção que depositamos na mente. Com a ação persistente da 'força do querer' a coisa acaba acontecendo. Você diz, então, "Deus me atendeu!". Na realidade, foi você mesmo o autor da proeza, pela força do pensamento positivo, pois as Leis Naturais, ou divinas estão escritas em nossa consciência (questão 621, de *O Livro dos Espíritos*).

10.2 O PODER DA FÉ DEPENDE DA VERACIDADE DE SEU OBJETO?

Não. "*Quer o objeto de sua fé seja verdadeiro ou falso, os efeitos obtidos serão os mesmos*".[82] O que atua é a força do pensamento positivo. É imperioso analisar que o *princípio* da cura é sempre o mesmo, pouco importando o objeto da fé do beneficiado. Assim, se o paciente diz que se curou por ter tomado "água benta" de determinado local considerado sagrado, ou porque tem fé em determinado "santo", ou "espírito", ou ainda porque carrega determinado patuá, relíquia, fitinha do Senhor do Bonfim etc., o resultado será sempre o mesmo. É a fé que produz os resultados positivos, pois o potencial interior – comum a todas as criaturas – é acionado por esses estímulos exteriores e realiza resultados, que ao leigo chama de "milagre".

---

82. MURPHY, José. *O poder do subconsciente*, p. 67.

10.3 SÓ A FÉ RACIOCINADA CURA?

Muito embora o objetivo do espírito seja o de desenvolver a **fé raciocinada** – defendida pelo espiritismo – todavia, enquanto isso não ocorre, às vezes, a cura pode se dar pela manifestação da **fé cega**, com base numa forte confiança do doente em determinado agente exterior materializado de várias formas: objeto material, santuários sagrados ou em determinadas pessoas. A propósito, lembro-me da letra de uma música ensinada na evangelização espírita, em que tinha uma frase que dizia: **"A fé cega não está com nada!"**. Pergunto: será? Nesses casos, o doente, ao demonstrar fé 'ardente' na sua cura, cria espaço para que se desencadeie o funcionamento do organismo, podendo alterar as secreções glandulares, o conteúdo da corrente sanguínea e produzir outras alterações físicas, sem qualquer explicação científica; há um "desbloqueio" mental, diante dos problemas que impediam a plena manifestação do potencial da fé. Somos atendidos não por um Deus 'pessoa', mas pelo mecanismo da *fé que apenas crê*, mesmo que ainda insipiente. Consta em o *Livro de Atos*, 17:30 que: Deus (Leis Naturais) "não leva em conta os nossos tempos de ignorância". Tudo pode ocorrer pela fé, quer o objeto seja falso ou verdadeiro, conforme já me reportei.[83]

---

83. Utilizo-me na elaboração deste texto de trechos do livro de minha autoria *O poder da fé*.

11

A INFLUÊNCIA DOS ESPÍRITOS NA VONTADE

Sobre os Anjos da Guarda: LIVRE-SE DELES
Benchaya

QUANDO COMENTEI SOBRE **projeto da elaboração deste livro**, *Seja feita a sua vontade*, ao editor da EME – Arnaldo Divo Rodrigues de Camargo – informei-lhe que, embora esse *aforismo* fizesse parte da *oração do Pai-Nosso* – atribuída a Jesus – seus formuladores tinham por objetivo atrelar toda ação do crente à *Vontade de Deus*, revelei, todavia, que iria escrever, dando outro 'enfoque' à expressão. Então, objeto de minhas reflexões, era a *vontade* livre e soberana do 'ser' em evolução, pois, pelo livre-arbítrio, a vontade a ser feita é sempre a própria, mesmo quando as 'escolhas' sejam equivocadas. Aí, então, o editor trouxe-me um questionamento inteligente: *e a influência dos espíritos em nossa vontade?*

128 | José Lázaro Boberg

Disse-lhe que faria reflexão sobre a questão. É o que estou fazendo.

Essa questão é ponto nevrálgico para o espiritismo, de tal sorte que Kardec[84] e seus auxiliares espirituais trabalharam o assunto em um capítulo especial de *O Livro dos Espíritos*: II – Influência oculta dos espíritos sobre os nossos pensamentos e as nossas ações. Analisemos, pois, a pergunta inicial feita pelo codificador aos seus auxiliares espirituais; ela tem sido interpretada, muitas vezes, no sentido *místico-religioso* e os resultados ficam aquém do que precisa ser analisado.

Questão 459. Os espíritos influem sobre os nossos pensamentos e as nossas ações?

Resposta do(s) espírito(s) – Nesse sentido, a sua influência é maior do que supondes, porque '**de ordinário**' são eles que vos dirigem.

Veja que, na acepção aplicada aqui, a expressão *de ordinário* tem sentido de que é algo 'frequente', 'normal', 'comum', 'corriqueiro'. Ora, que os espíritos influenciam em nossos pensamentos é fato indiscutível! E, assim entendendo, Emmanuel leciona que: *O homem custa a crer na influenciação das ondas invisíveis do pensamento, contudo, o espaço que o cerca está cheio de sons que os seus ouvidos materiais não registram.*[85] Encarnados ou

---

84. Ver capítulo XIX de *O Livro dos Espíritos*. Intervenção dos espíritos no mundo dos corpóreos.
85. XAVIER, Francisco Cândido. Emmanuel, *Pão nosso*, lição 17.

desencarnados vivem num mundo de energias que se cruzam por faixas vibratórias distintas.

Até aí tudo bem! Agora, pensar que não temos *vontade própria*, e que somos 'de ordinário', dirigidos pelos espíritos, é jogar por terra o livre-arbítrio, conquista *inalienável* do ser humano em evolução, "que se desenvolve à medida que adquire *consciência de si mesmo*".[86] Onde a liberdade, se a escolha fosse determinada pela vontade dos espíritos? Seríamos apenas 'joguetes', sem força nenhuma! Assim, não tem lógica que sejamos '*de ordinário*', 'marionetes' dos espíritos. Podemos sim, sofrer influência deles, tal como ocorre em nossos relacionamentos sociais, mas a *vontade* de **ceder** ou **não** é *escolha* pessoal, porque essa influência dos espíritos vai perdendo força à medida que o espírito, pela maturidade, torna-se *senhor de si mesmo*.

Num contexto amplo, a trajetória completa de nossas vidas é gerada por nossas escolhas. Você quer casar? Quer ter filhos? Ir para a universidade? Estudar o quê? Seguir que carreira? Que proposta de emprego aceitar? "Sua vida não se limita a 'acontecer': ela está baseada nas escolhas que você faz – ou deixa de fazer – a cada dia".[87]

Defendendo as mesmas ideias arroladas, neste texto, trago à colação o artigo inteligente e racional de **Benchaya**, com título provocativo e de forma 'propositadamente' arrogante – informa ele – **Sobre os Anjos da Guarda:**

---

86. KARDEC, Allan. *O Livro dos Espíritos*, questão 122.
87. ARNTZ, Willian, e outros. *Quem somos nós?* pp. 108/109.

Livre-se deles![88] Depois de comentar que o fundador do espiritismo poderia ter evitado o uso da expressão "anjo da guarda", tanto quanto "céu" e "inferno", pela confusão que se estabelece com os conceitos do catolicismo e dizer que acredita na existência de espíritos que nos acompanham e ajudam no nosso processo de aprendizagem durante a encarnação, afirma que o que ele questiona é "o tratamento que tanto Kardec, como as lideranças espíritas dão ao tema, estimulando a **submissão** e a **dependência** dos encarnados às forças externas". Difunde-se, assim, a crença, oriunda da Igreja católica de que o "**homem nada vale**, é um **pecador** incapaz de resolver-se sem auxílio de terceiros". Sempre a **dependência**, a **submissão** e a **reverência** a uma pretensa *vontade superior*, características dos estágios primitivos de nossa evolução. Isso parece contrariar a natureza libertadora da doutrina espírita. A sujeição do indivíduo ao beneplácito divino através de intermediários é um entrave ao seu crescimento pela inércia à espera de uma intervenção estranha às possibilidades que cada um deve desenvolver **(negritos nossos).**

E complementa, argutamente, explicando que "É sabido que a Educação é coroada de êxito quando o educando atinge a maturidade e torna-se **independente**. O verdadeiro Mestre só se dá por satisfeito quando o discípulo torna sua presença e atuação dispensáveis. Então, não teria chegado o momento de se 'rediscutir' o tema dos anjos da guarda para escoimar os conceitos espíritas

---

88. BENCHAYA, Salomão Jacob, Jornal Opinião, setembro de 2017. Ler matéria completa no site http://ccepa-opiniao.blogspot.com.br/2017/09/

da influência católica que ainda permeia as opiniões dadas pelos espíritos e pelo próprio codificador nas obras fundadoras?". Também nesta mesma ótica, Emmanuel declara: "Não olvides que os talentos de Deus são iguais para todos, competindo a nós outros a solução do problema alusiva à capacidade de recebê-los".[89] Em outras palavras, cada um traz em si o potencial divino (Leis Naturais) na intimidade, indicando o que se deve fazer ou não fazer e ele só será infeliz quando delas (Leis divinas) se afastar, e o ser só se alinha com elas conforme sua capacidade.

Podemos, então, comparar essa influência dos espíritos com o desenvolvimento da criança, em seu processo evolutivo. Quando imaturos, mais necessitamos da participação dos responsáveis em nosso acompanhamento, quase em tempo integral. Porém, com a maturidade, cada um – pouco a pouco – toma as rédeas de seu livre-arbítrio. "Aliás, esse é um dos objetivos da encarnação, **o alcance gradativo da perfeição**, tornando-nos cada vem mais independentes". **Dependência** é sinônimo de **imaturidade**.

É por conta disso, que estamos interpretando o aforismo *Seja feita a sua vontade*, não no sentido de que Deus ou os espíritos resolvam por nós, mas, de que cada um coloque em ação seus potenciais, com o objetivo de crescimento constante. Afirmam ainda os orientadores de Kardec que a encarnação tem ainda como finalidade, **"a de pôr o espírito em condições de cumprir sua parte na**

---

89. XAVIER, Francisco Cândido, pelo espírito Emmanuel. *Palavras de vida eterna*, lição 7.

obra da Criação".[90] O Evangelho de João atribui a Jesus a afirmação: **"Tudo que eu faço, vós também podeis fazer, e muito mais"**, com isto, querendo dizer que somos todos senhores de nossa vontade, e que a perfeição atingida por essa ou aquela criatura é fruto de mérito e não de privilégios! Assim, não se iluda, nada vem de graça!

Para ilustrar o sentido de 'independência' do ser em evolução, adicionamos a célebre história da águia. Conta-se que a águia sabe o momento exato de "expulsar" seus filhotes do ninho. Ela percebe que se demorarem mais em ficar no abrigo do ninho serão adultos 'dependentes', 'pusilânimes', fracos... Por isso ela começa a modificar o confortável "bercinho", colocando espinhos, pedras, tudo para que eles deixem o ninho, e exercitem seus músculos. Quando percebe que já são suficientemente fortes, ela os 'empurra' do mais alto penhasco, para que eles aprendam a voar. Ela observa como caem, controlando seu próprio instinto, e só parte para o socorro no último instante, a alguns segundos do chão. Ela sabe que eles nunca se lançariam sozinhos, e a demora os tornaria alvos fáceis dos predadores.

Nós também, diferente dos animais – que agem por instinto – pela força da razão, preparamos os filhos para que eles "sejam eles mesmos", instruindo-os, de acordo com nossas possibilidades, para que cresçam e sejam independentes. Nesta linha de pensamento, André Luiz orienta[91]: "(...) Não viva pedindo orientação espiritual,

---

90. Estudar a questão 132, de *O Livro dos Espíritos*.
91. XAVIER, Francisco Cândido, pelo espírito André Luiz. *Agenda cristã*, lição 18.

indefinidamente. Se você já possui duas semanas de conhecimento cristão, sabe à saciedade o que fazer. (...) Não recorra sistematicamente aos amigos espirituais quanto a comezinhos deveres que lhe competem no caminho comum. Eles são igualmente ocupados, enfrentam problemas maiores que os seus, detêm responsabilidades mais graves e imediatas, e você, nas lutas vulgares da Terra, não teria coragem de pedir ao professor generoso e benevolente que desempenhasse funções de ama-seca".

Você como espírita poderia perguntar, ainda, sobre a influência dos espíritos na *vontade*, nos casos de *obsessão*, um dos temas de maior discussão entre os espíritas. Kardec refere-se ao tema como "o domínio que alguns espíritos exercem sobre as pessoas, **subtraindo-lhe a vontade**". Mas essa ação não ocorre sem que o obsidiado tenha dado causa. A criatura que busca uma vida equilibrada e útil sente a necessidade de ser ela mesma, mantendo a privacidade e o controle de sua mente e de sua vida. Ela procura a dinamização de seus recursos, como alguém que já descobriu o caminho. Assim, a renovação do pensamento é o objetivo que deve ser perseguido estando sempre aberto a mudanças. O crescimento é um processo de mutação permanente rumo à ascese evolutiva.

Informe-se ainda que a obsessão não acontece somente dos chamados *mortos* para com os chamados *vivos*, pois, tudo ocorre por *força da vontade* com a emissão das vibrações mentais, através dos fios vibracionais do próprio pensamento. Pensamos e emitimos energias a outrem; e se o receptor estiver em sintonia com o que foi projetado entra num 'circuito de força' de tal forma que obsessor e obsidiado passam a viver na mesma faixa vibratória, trocando pensamentos.[92]

Em assim entendendo, a obsessão depende da *vontade* dos 'atores' na troca de pensamentos intermitentes, quer sejam positivos, quer sejam negativos. A obsessão não é, portanto, unilateral, mas uma via de mão dupla. É 'dependente' da vontade. Ao alimentar pensamentos negativos, o ser viverá neles; caso trabalhe com ideias positivas, também. De outro modo, quando nos entregamos, sistematicamente, a essa ou àquela sugestão que nos aflora à mente, alimentamos nossa ação. É óbvio que isto só vai colapsar se o receptor mental der pasto à sugestão recebida.

Podemos, ainda, citar o uso dessa expressão, no sentido de 'inferiorizar' a criatura com intuito de rechaçar quaisquer ideias diferentes, mesmo que sejam colocações úteis a serem refletidas na doutrina. Quando isso ocorre, não poucas vezes, logo vem o 'sabereta' espírita rotulando aos que o contrapõem, como 'obsidiado', tão só com o intuito de desacreditar suas ideias. Fuja desse pessoal, pretensos 'detentores' do saber!

Então, podemos concluir, respondendo à pergunta do texto em epígrafe, *Os espíritos influenciam a vontade dos encarnados*? Somos, por vontade pessoal, 'mais ou menos' influenciáveis pelos espíritos, sempre diretamente proporcional à maturidade. Não somos 'de ordinário', teleguiado por eles. O normal é sermos livres e construtores de nosso crescimento, podendo, todavia, no decor-

---

92. Idem, *Pensamento e vida*, lição 27.

rer do processo, abrir, por imaturidade, 'espaço' para a atuação deles.

Nesse sentido, podemos afirmar que o espiritismo pode auxiliar os que estão sob a força da obsessão. Muitas vezes pensa-se que bastam as preces e exaustivo controle da imaginação para superar os problemas. Ensina André Luiz: "não bastará, porém a palavra que ajude, a oração que ilumina... A ação do bem genuíno, com a quebra voluntária de nossos sentimentos inferiores, produz vigorosos fatores de transformação sobre aqueles que nos observam, notadamente naqueles que se nos agregam à existência, influenciando-nos a atmosfera espiritual... porque, pelo devotamento ao próximo e pela humildade realmente praticada e sentida, é possível valorizar nossa frase e santificar nossa prece".[93]

---

93. XAVIER, Francisco Cândido. André Luiz. *Evolução em dois mundos*, 1a Parte, cap. XV.

12

ÁRBITRO DE SI MESMO

> *Todas as ações são legítimas, mesmo aquelas
> consideradas ilícitas, pois derivam do
> livre-arbítrio.*
> **Bonder Nílton,** *Código penal celeste*, **p. 16.**

SE O LIVRE-ARBÍTRIO **é a liberdade de** *escolha*, pouco importando se foi 'certa' ou 'errada', como podemos 'entregar' nossa *decisão* a um ser exterior, entendido pelas religiões, como a *vontade* de Deus, um ser antropomórfico que, de algum lugar do paraíso, comanda tudo? Verdadeiramente, essa imagem de Deus é a de super-homem! A teologia cria e transfere para um Deus humano, catalogando tudo como *vontade de Deus*. É a forma de se comandar as ovelhas pelo medo e castigo, colocando na "boca" de Deus, ou seja, o que no livro 'sagrado' é 'palavra de Deus'. Entenda-se, todavia, que se trata apenas de uma expressão metafórica atribuída a um Deus pessoal, porque, na realidade, Deus não tem boca. Aliás, quando se fala: 'filhos de Deus', 'Pai amantíssimo', 'olhos de Deus' são apenas expressões utilizadas para identificar o Deus pessoa.

"A pedagogia do **medo** faz parte da estratégia de denominação e controle empregada pela Igreja ao longo de sua existência. O inferno, destinatário das almas pecadoras, após a morte, deveria desestimular, pelo medo, as más ações dos crentes. Essa ideia de um Deus **controlador** e **punitivo** alimentado pela tradição judaico--cristã acabou sendo transferida, atavicamente, para o espiritismo. A narrativa de André Luiz, pela psicografia de Chico Xavier, acerca do umbral encaixou-se perfeitamente como um inferno espírita, felizmente **transitório**, por conta do pluralismo das existências que orienta para a necessidade do retorno do espírito a novas experiências corpóreas". **(Grifos meus)**[94]

Este entendimento, todavia, é questionável. São os homens que assim compreenderam. É preciso, pois, *rediscutir* esse conceito de *vontade de Deus*, criado pela Igreja, cujo único objetivo é o da 'submissão' dos devotos à sua doutrina. De acordo com o espiritismo, os espíritos auxiliares do codificador lecionam que "a sabedoria da Inteligência suprema está exatamente na 'liberdade de escolha', pois cada um tem o mérito de suas obras".[95] Não agir por *sua vontade*, transformaria o homem apenas num 'joguete', num mero 'marionete', sem

---

94. Jornal Opinião, outubro 2017, p. 3.
95. Ver questão 123, de *O Livro dos Espíritos*.

responsabilidade nenhuma por seus erros, de um Deus, tipo antropomórfico.

Diz o adágio popular, *o tempo é o senhor da razão*! Por conta disto, já vemos sinais de que as imagens de Deus estão mudando. O Grande Pai Branco sentado no trono do julgamento, tão popular na Idade Média, está sendo substituído por uma ideia menos humana, mais abstrata. Andrew Newberg afirma que "As pessoas afastaram-se do *Deus pessoal*, adotando uma concepção maior, infinita, o do Deus em nós".[96] O Deus na própria pessoa parece ser a solução mais inteligente!

Ora, se Deus não é pessoa, mas uma "Inteligência Suprema e causa primária de todas as coisas", na verdade, trata-se de uma construção humana à medida de sua evolução, podemos dizer que não é *monista*, nem *pluralista*, **ele é você**, ou de outra forma, **você é o próprio Deus**, num processo de evolução. Para Deepak Chopra: "Deus não é o Deus de uma religião em particular; não é monoteísta, não é panteísta nem politeísta, antes, cada religião é uma forma de manifestação da divindade".[97]

"As tradições religiosas orientais ensinam que Deus (ou Tao, Brahman, a consciência pura, o Nada etc.) está em toda parte, e a melhor maneira de experimentá-lo é internamente. De fato a afirmativa implícita é de que Deus é o nosso próprio ser – ou talvez seja melhor dizer que nosso próprio ser é Deus".[98]

O livre-arbítrio não nasce pronto. Ele nasce de for-

---

96. NEWBERG, Andrew, *Quem somos nós?* p. 206.
97. CHOPRA, Deepak. *Como conhecer Deus*, p. 25.
98. ARNTZ, William e outros. *Quem somos nós?* p. 199.

ma embrionária, desenvolvendo-se, gradativamente, à medida que o espírito adquire *consciência de si mesmo*. Quando o espírito (princípio inteligente), após ensaios nos seres anteriores da criação, alcança a condição de espírito, como 'individualização' do princípio inteligente, com o surgimento da razão e do livre-arbítrio, está ainda em estado infantil. Buscará, no entanto, seu crescimento, tornando-se cada vez mais maduro, num processo sempre progressivo. É tal como o símbolo da espiral, que nunca fecha.

Entendamos que todos têm, diariamente, uma nova oportunidade para refazer ações equivocadas. Por conta disso, o livre-arbítrio nos assegura o direito de viver conforme nossos gostos e opções, sem interferência de Deus; a Lei Natural não impõe que façamos desta ou daquela maneira, uma vez que, com escolhas livres, tudo que escrevermos no livro da vida corre por nossa conta e risco, e nos trará, em vez de castigo ou premiação, somente *consequências*. O livre-arbítrio permite que o espírito retarde ou apresse o seu adiantamento. Cada um usa o tempo da forma que melhor lhe aprouver, sendo que uns avançam, e outros estacionam no tempo. Ser feliz ou infeliz é decisão do espírito, pois ele é o arquiteto de seu próprio crescimento.

É nessa linha de raciocínio que Jesus, segundo as anotações de Mateus, (16:27) ensina: *A cada um será dado de acordo com suas obras*. Mas o importante da Lei Natural é que ninguém será excluído da felicidade. Assim, repense esta ideia de que você não pode mais ser feliz porque cometeu este ou aquele desatino. O errar faz parte do processo de aprendizagem. Logo, tudo é questão de mais ou menos tempo![99]

Desse modo, o espírito é sempre o *árbitro de si mesmo*, podendo prolongar os sofrimentos pela pertinácia no mal, ou suavizá-los, ou, até anulá-los pela prática do bem. Tudo é questão de tempo e maturidade. Devemos repensar essa ideia de "punição divina" (concepção *teísta*), como as Igrejas e mesmo em parcela do movimento espírita ensinam, mas apenas, compreendê-la como 'consequência' da "ação e reação". Se ainda persiste no mal é fruto da ignorância. Com a maturidade do livre--arbítrio, o espírito – cada qual a seu tempo – amplia o seu grau de felicidade, independentemente de raça, cor ou credo. Assim, não há *punição* de Deus, em seu sentido literal. Quando cometemos 'equívocos', no transcurso de nossa trajetória evolutiva – o que é natural no processo de aprendizagem – no momento próprio, pela maturidade, compreendemos o ato falho. Desencadeia-se aí, o mecanismo de reajuste, que começa com sentimento de culpa, e que, por força do aguilhão do remorso, conduz--nos ao arrependimento e, por consequência, ao reajuste reparador, dos prejuízos materiais ou morais causados a outrem.[100]

Entendemos o livre-arbítrio como uma jurisdição da Lei Natural (chamada de divina) em cada um de nós. Diante disto, a *vontade de Deus* é a *sua* vontade. Somos nós mesmos os próprios advogados, pois não há possibilidade de ocultar os deslizes, uma vez que exteriori-

---

99. BOBERG, José Lázaro. *Aprendendo com Nosso Lar*, p. 15.
100. Idem, *O código penal dos espíritos* – árbitro de si mesmo.

zamos a fotografia de nossos pensamentos, grafadas no perispírito, e do qual não podemos fugir nunca! (Veja imagem abaixo).

FORMAS-PENSAMENTOS

A mulher pensa num bebê   A garota pensa na bicicleta

Assevera André Luiz que "é sempre fácil penetrar o domínio das **formas-pensamentos**, vagarosamente construídas pelas criaturas que as edificam, apaixonadas e persistentes, em torno dos próprios passos".[101]

Sob a ótica *deísta*, não havendo intercessão pessoal desta Inteligência Maior, os *erros* e *acertos* das criaturas são de única responsabilidade de cada ser, no processo de crescimento, mediante as leis da evolução. O livre-arbítrio não recebe qualquer interferência externa de uma divindade, pois o espírito é a individualização desse princípio inteligente. As escolhas 'certas' ou 'erradas' são mecanismos inerentes ao processo de aprendizagem. Os erros são necessários para a correção de rumos.

---

101. XAVIER, Francisco Cândido. André Luiz. *Ação e reação*, cap. 14.

Assim, "todas as ações são legítimas, mesmo aquelas consideradas ilícitas, pois derivam do livre-arbítrio".[102] Aliás, o que é 'certo' e o que é 'errado'? Tudo é relativo ao entendimento e maturidade do ser em evolução. Aquilo que entendemos hoje, como 'certo' ou 'errado', pode não ser amanhã...

Repitamos, a título de reforço de aprendizagem: Aquilo que chamamos de 'Deus', não é 'pessoa' e, portanto, não interfere nunca, pois tudo está sob a égide das Leis Naturais. Tudo que se apregoa sobre Deus (pessoa) é produto do 'imaginário' humano. Por isso, os conceitos de que "Deus proíbe", "Deus permite", "Deus castiga", "Deus premia", "Deus perdoa", entre outras, invenções – tão ao gosto dos seguidores do deus pessoal judaico--cristão –, são excluídos de nossa interpretação. Uma premissa inquestionável: As Leis Naturais **não mudam; adaptamo-nos a elas**.

No processo evolutivo, ao alcançar a condição de espírito (*individualização* do princípio inteligente) o ser assume a responsabilidade de seu destino. Aliás, esse processo infinito de **adequação** à Lei, é que caracteriza a própria saga da evolução humana. Sugerimos que o leitor reflita nessa mecânica evolutiva lendo o livro *Filhos de Deus*. "Tudo o que se diz e prega sobre a existência de um deus superior, um criador, um ordenador da vida, foi idealizado, escrito, pregado pelos homens".[103] Assim, todos os atributos arrogados a Deus, são criações humanas, nas suas várias fases evolutivas. O conceito de

---

102. BONDER, Nilton. *Código penal celeste*, p. 16.
103. REGIS, Jaci. *Novo pensar: Deus, homem e mundo*, p. 13.

Deus é variável ao progresso espiritual de cada criatura. E Kardec relaciona as qualidades de Deus, segundo o seu entendimento à sua época, dizendo que, "não sabemos tudo o que Ele seja, sabemos o que não pode deixar de ser".[104]

Os auxiliares de Kardec na elaboração de *O Livro dos Espíritos* dizem mais: "Antes de entrar no período da humanização, isto é, transformar-se em Espírito, *o princípio inteligente* vai se elaborando lentamente, numa série de existências anteriores; há um *ensaio*, sendo que o ser humano, por consequência, é o resultado de um longo processo de maturação do *princípio inteligente* que estagiou e evoluiu nos reinos inferiores da Natureza, passando de uma ordem inferior para o estágio da razão e do livre-arbítrio. Nesse ponto, passa a ser considerado espírito – *simples e ignorante* –, e que vai percorrer a longa trajetória em busca do ápice da Perfeição, ainda que relativa".[105] Cada criatura faz o seu próprio trajeto na busca incessante da Luz Divina. Nesse mister, os erros e acertos são marcas pessoais, rumo ao Infinito. Daí entendermos que "ninguém salva ninguém". Cada um é o seu próprio salvador.

Muitos pensam que o livre-arbítrio seja uma doação 'pronta' e 'acabada' por parte da divindade, mas, não é; ele, na realidade, é uma conquista milenar do Princípio Inteligente, após estagiar, como vimos, pelos seres anteriores da criação. Antes do desenvolvimento da razão e do livre-arbítrio, a Lei Natural dispõe de mecanismos

---

104. KARDEC, Allan. *O Livro dos Espíritos*, questão 16.
105. Ver o livro *Nascer de novo para ser feliz*, p. 94. José Lázaro Boberg.

próprios para responder à ação dos seres anteriores, por automatismos comportamentais, com o chamado reflexo condicionado. Pela lei da *ação e reação* há um controle natural de toda ação não consciente dos seres da escala evolutiva, antes de atingir a condição humana. Em se tratando da escala hominal, a mecânica – desequilíbrio e equilíbrio – leva o próprio ser a estabelecer, de forma conscientizada, parâmetros de adaptação a cada novo desafio.

13

SUSSYA, POR QUE NÃO FOSTES SUSSYA?

*Seja você mesmo, porque ou somos nós mesmos,
ou não somos coisa nenhuma.*
Monteiro Lobato

QUANDO DEIXAMOS DE enfrentar os problemas da vida, ausentamo-nos, conforme expressão de André Luiz, de "caminhar sem detença para frente", fugindo da responsabilidade do progresso, perdemos os objetivos para os quais fomos criados: evoluir, desenvolver o potencial interior, corrigir eventuais erros para, gradativamente, vibrar em sintonia com as Leis Naturais. Conforme afirma Emmanuel: "A vontade é o leme que nos impulsiona a seguir sempre para frente sem esmorecer". Trabalhar com esforço próprio para vencer e crescer individualmente no processo evolutivo, sem entregar a falsa interpretação da 'vontade', de cunho *teísta* chamada de "vontade de Deus", formulada pela teologia. Quando deixamos de colocar em ação a própria vontade, estamos cometendo crime de *ausência*, ou seja, de omissão às nossas responsabilidades.

Gosto muito de uma história citada pelo escritor Nílton Bonder, quando relata a história de Sussya[106]. Já inseri alhures esta narração em um de meus livros, por achá-la sugestiva e de profundo cunho moral em termos do necessário do trabalho pessoal, na *conquista de si mesmo*. Ninguém evolui 'entregando' seu crescimento a terceiros, muito embora muita gente pense assim! Por isso, vale a pena a sua inserção aqui, por retratar o objetivo deste livro. A história relata o sentido do desenvolvimento de nossos potenciais imanentes (*o Christós*), por conta da vontade própria, afinal, aprendemos com os erros. Nesta ótica, Deus, expressando-se pela Lei Natural, encaminha-nos para que *sejamos nós mesmos*, sem terceirização a outrem.

> Em seus momentos finais de vida, Reb[107] Sussya estava agitado. Seus discípulos, tomados de reverência e temor, estavam perturbados com a agonia do mestre. Perguntaram:
> – Mestre, por que estás irrequieto?"
> – Tenho medo – respondeu.
> – Medo de quê, mestre?
> – Medo do Tribunal Celeste!

---

106. BONDER, Nilton. *Código penal celeste*, p. 43.

107. Reb é um rabino que possui funções além das litúrgicas e de ensino, principalmente como conselheiro, mentor, juiz, emanador de decisões dentro da lei judaica, da Halachá, e condutor de uma comunidade ou ramo inteiro.

– Mas tu, um mestre, tão piedoso, cuja vida foi exemplar... a que temerias? Se tu tens medo, o que deveríamos sentir nós, tão cheios de defeitos e iniquidade? – reagiram surpresos.

– Não temo ser inquerido por que não fui o profeta Moisés e não deixei um legado de seu porte... Posso me defender dizendo que não fui Moisés porque não sou Moisés. Nem temo que me cobrem por não ter sido Maimônides e não ter oferecido ao mundo a qualidade de sua obra e pensamento... Posso me defender de não ter sido Maimônides porque não sou Maimônides. O que me apavora é que me venham indagar: "**Sussya, por que não fostes Sussya?**".

Esclarecemos, todavia, que a ideia expressa por Sussya é aquela já formatada sobre Deus antropomórfico, onde, ainda, persiste a imagem de **céu** e **inferno**, com um tribunal divino de julgamento, obviamente, produto da teologia.

É neste entendimento que afirma o ex-padre Marcelo da Luz: "O sentimento religioso na esfera da vida prática está entrelaçado ao *medo* e à *insegurança*, ainda predominantes nas consciências. A adesão à fé não se baseia em dados racionais, mas na ansiedade de evitar o inferno, caso esse exista. O primeiro passo dos 'lavadores de cérebro' é fazer com que o candidato aceite a inversão da realidade pelos sacramentos, rituais em que os supostos símbolos da vida substituem o próprio viver".[108]

Outro ex-sacerdote, o estadunidense Stephen Fre-

---

108. LUZ, Marcelo da. *Onde a religião termina?* pp. 176.

150 | José Lázaro Boberg

deric Uhl, ao analisar o processo de *lavagem cerebral* do qual ele mesmo foi partícipe, "aponta dois fatores motivacionais ao estabelecimento da crença na santidade: Medo e ambição. Segundo ele, o refrão mais ouvido pelas pessoas ao longo de suas vidas, especialmente na infância, *não confie em si mesmo*. Tal recomendação é feita em uníssono pelos agentes mesológicos – familiares, vizinhos, companheiros de escola e trabalho, meios de comunicação e outros mecanismos sociais – reforçando no indivíduo a crença da necessidade de heteronomia. A religião, além de se constituir em poderosa influência mesológica, encontra-se entre as maiores beneficiárias da fragilidade psicológica dos indivíduos. Habituadas a se sentirem diminutas, as pessoas se tornam suscetíveis à aceitação de um patrono ou poder superior a elas mesmas. Sugestivamente, os evangelhos atribuem a Jesus a frase *Quem não receber o reino de Deus ao modo da criança, de modo algum entrará nele*, (Lc 18:7) indicando o quanto o sucesso da religião depende da teimosia da consciência em permanecer na condição de menoridade".[109]

No entanto, a história sobre Sussya é boa e traz em sua essência um sentido moral importante: a de que **devemos ser nós mesmos!** Já expusemos acima, que o verdadeiro julgamento se dá no tribunal da própria consciência, ou seja, você é sempre julgado por sua consciência, no momento do entendimento.

---

109. Idem, ibidem, citado pelo mesmo autor, pp. 177-178.

Então... **Você está sendo você?**! Ou está vivendo 'parasitariamente' de acordo com a vontade dos outros? Quando anulamos a nossa vontade, que é o mecanismo natural de aprendizagem, necessário nas tomadas de decisões, e, entregamos aos outros, somos 'um nada', um 'vivo-morto', sem objetivo algum, quanto ao desenvolvimento dos potenciais do espírito, em sua individualidade. Já dizia Monteiro Lobato: "Seja você mesmo, porque ou somos nós mesmos, ou não somos coisa nenhuma".

Dessa história, vamos refletir sobre o objetivo do espírito em sua necessária busca evolutiva, no sentido de plenificar seus potenciais. É normal, em certas etapas da vida, imitarmos exemplos bons de pessoas que admiramos. Um pai de família, um médico, um artista, um cantor, um professor, um motorista, um bombeiro, entre outros, conforme seja a força vocacional de cada um. Você mesmo deve ter pessoas assim, a quem, por admiração, procurou durante certo tempo de sua jornada, copiar, não é mesmo? Pessoas exemplares, com histórico que fazem a 'diferença', suscitam em nós paradigmas para o crescimento. Nada de recriminável, até então. Mas esse entusiasmo não pode ser a tal ponto que você se despersonalize transformando-se em meras 'cópias' dos outros.

Neste caso, você deixaria de ser você mesmo, e estacionaria o seu crescimento, retardando a sua evolução. Comparemos, a título de exemplo, a hipótese de você deixar o seu carro num estacionamento e usar o carro dos outros, por achá-lo mais bonito, mais moderno que o seu. No entanto, numa hora, você terá que voltar e buscá-lo. Na vida, o mesmo ocorre conosco. Nossa vontade (com anseios e objetivos) precisa ser acionada para que nossa história seja construída pelo esforço próprio. Isto se chama aprendizagem. Deixar 'hibernando' os potenciais para viver uma vida que não é sua é contrariar a Lei do Progresso. Obviamente, um dia temos que voltar para buscar o veículo estacionado. Ele representa o Eu, o espírito, que, para ser feliz, tem que crescer continuamente, rumo à perfeição, ainda que sempre relativa.

14

ENTREGAR PARA "ELE" É A SOLUÇÃO!

Só se pode encher um vaso até a borda – nem uma gota a mais. Esse realiza o céu em si mesmo.

Lao-Tsé

NA LISTA ARROLADA, no capítulo primeiro, desta obra, sobre *como pensa o teísta*,[110] há, entre as diversas frases, a 'cômoda' solução de 'dependência' sugerida pelos orientadores das mais diversas crenças religiosas: **Entregar a solução para Ele**. Dias atrás, ouvi esta afirmação de uma pessoa que devia certa quantia, por conta de descontrole na administração de sua vida financeira: "Deus vai dar um jeito para eu resolver os meus débitos". Jargões como esses, do ponto de vista de pensamento positivo,

---

110. Capítulo 1.1.

154 | José Lázaro Boberg

mentalizando autoconfiança, não há dúvida de que é melhor do que vaticinar que "tudo está perdido"! Mas, efetivamente, no caso dela, a solução só será dada, se ela replanejar melhor a vida, procurando, se for o caso, um orientador que a ajude 'reprogramar' sua vida financeira, separando os gastos que são 'supérfluos' daqueles que são 'necessários'. Nesta hora, é comum se apelar para Deus! E muita gente *pensa* que vai haver uma *intervenção* de Deus e o problema estará resolvido. As religiões trabalham com essa técnica: "Vai que pega!"

Aliás, esta questão mereceu atenção de Kardec e seus auxiliares espirituais, no capítulo IV sobre a *lei de conservação*, quando aborda, o *necessário* e o *supérfluo*. Assim é que, na questão 715, de *O Livro dos Espíritos*, o codificador quer saber:

> **– Como pode o homem conhecer o limite do necessário?**
> **– R.** O sensato o conhece por intuição e muitos o conhecem à custa de suas próprias experiências.

No presente caso, a pessoa em questão, conhecida por nós, estava em situação difícil, por se perder, nos 'supérfluos'. Gastar além dos limites por impulso, não será resolvido por Deus. É por você mesmo! Aprenda com os erros e eduque-se! Procure refazer o projeto administrativo de suas finanças. Com o tempo aprenderá pela segunda alternativa sugerida pelos espíritos: *à custa de suas próprias experiências*. Mediante mecânica própria, a natureza traçou, na estrutura orgânica, os limites do *necessário*, com processo de autorregulação, quando ultrapassa os limites. Exagerando nos desejos, e entrando no *supérfluo*, é a própria criatura que, pela lei da ação e reação, aprenderá com seus erros.

Neste entendimento, diz Lao-Tsé (Cap. 9, do livro *Tao Te Ching*) colocando como meta *fazer o necessário e não o supérfluo*, afirma: "Só se pode encher um vaso até a borda – nem uma gota a mais. Esse realiza o céu em si mesmo". Quer com isso dizer que o homem deve ser equilibrado, como é a própria Lei do Universo. O desequilíbrio é a infelicidade do homem. O homem precisa, em tudo, agir de acordo com as Leis Naturais, de dentro para fora, já que esta se encontra escrita na própria consciência do ser humano (questão 621, de *O Livro dos Espíritos*).

Certa feita Chico Xavier comentou[111]: Muitas vezes queremos ser felizes abarcando todas as possibilidades... Quando na oração do Pai-Nosso dizemos: *Senhor, o pão nosso de cada dia, dá-nos hoje...*, estamos pedindo o pão para o *hoje*... Não se fala no pão de *amanhã*, do *ano que vem*... Mas vamos criando fantasias, ilusões, querendo a felicidade que está nas mãos dos outros... Achamos que isso é alegria, mas é alegria mesclada de sofrimento (...). Sabemos que precisamos de certos recursos, mas a oração não nos ensina a pedir o pão, mais dois carros, mais um avião... Podemos ser chamados hoje para a vida espiritual. *Enquanto nos contentamos com o pão, vai tudo bem, mas da manteiga em diante* começam as nossas lutas. O símbolo da manteiga está sempre conosco, quando que-

---

111. BACCELLI, Carlos. *À sombra do abacateiro*, pp. 100-101.

156 | José Lázaro Boberg

remos aquilo que *não é necessário* para o agora que estamos vivendo. O necessário e o supérfluo são relativos à posição que a pessoa desfruta. Muitas vezes, deixa de ser *supérfluo* e torna-se *necessário*.

Não existem 'promessas' divinas na Bíblia de se conseguir a solução fácil dos problemas, na base do *dolce far niente*, aguardando saídas milagrosas! Se você as encontrar, pode ter certeza absoluta, de que são palavras de 'homens', mas não de Deus do Universo. Aliás, Deus não escreveu nada! São palavras apenas 'atribuídas' a Ele! Encontramos sim, algumas sugestões de pensamento positivo que incentivam a própria criatura a trabalhar sua usina mental para que, pela mentalização e trabalho, as coisas aconteçam. Mas de graça, não! O que prevalece é a sua *vontade*!

Cada criatura é responsável por si mesma para fazer suas escolhas, repetindo, quer sejam *certas*, quer sejam *erradas*. Cada um é livre para escolher qualquer rota, sem qualquer cerceamento, pois, através desta livre-escolha, pode-se chegar à perfeição. As Leis Universais agem conforme você pensa, de acordo com o seu coração. É nesta ótica que Jesus afirmou: "Onde estiver o seu tesouro, aí estará o seu coração".[112] Em outras palavras, podemos afirmar onde estiver o seu coração, esse é o seu tesouro. 'Coração' na Bíblia é a nossa 'mente'. Como *somos o que pensamos*, o que o coração (mente) criar é o que se vai materializar. Na realidade devemos ser eternos *buscadores*. Não aguardar que milagres aconteçam, sem

---

112. Mateus, 6:21.

esforço pessoal, sem que nossa vontade seja colocada a serviço de nossas aspirações.

Jesus enfatizou a necessidade de colocar a ação na busca de nossos desejos, afirmando: *Ajuda-te que o céu te ajudará*. E diz mais: "Pedi e se vos dará; buscai e achareis; batei à porta e se vos abrirá; porquanto, quem pede recebe e quem procura acha e, àquele que bata à porta, abrir-se-á".[113] No livro *Peça e receba – o Universo conspira a seu favor*, abordo esta questão.[114] Nele comento: "No geral pensa-se que o pedido é feito a Deus, quando, na realidade, é a si mesmo, através de protocolo depositado na mente, e o pensamento com a ação da vontade de cada um, cria *forma-pensamento* que, pela insistência no pensar, acaba se materializando. É óbvio que tendo resultado positivo, o que protocolamos, pode-se até dizer: Foi Deus que me atendeu! No entanto, o trabalho foi seu mesmo!".

Então, essa saída 'simplista' de se dizer *que basta entregar para Ele a solução*, na verdade não é a **solução**! A ideia de que Deus vai dar uma 'saída' pode ser muito 'confortadora', pois, assim, nós nos sentimos 'protegidos'. É a fé "que crê" (aquela sem 'comprovação', no dizer de Emmanuel), trazendo-nos 'consolo'. É válida, mas não uma solução definitiva, porque na realidade é preciso 'aprender' para que o 'aprendido' seja fixado em nossas redes neurais. E só se aprende *fazer fazendo*, por ação pessoal, intransferível. O máximo que se alcançará com essa atitude de "entregar nas mãos de Deus" é a de

---

113. Mateus, 7:7.
114. Aprenda a ser autor(a) de sua própria vida, lendo este livro.

assumir uma posição 'positiva' (confiança) de que haverá uma solução, mas se você não agir nada vai acontecer! Quanto ao aforismo, "Ajuda-te que o céu te ajudará!", entendamos como *o princípio* da *lei do trabalho*, e, por conseguinte, da *lei do progresso*. Porque o progresso é o produto do trabalho, desde que é este que põe em ação as forças da inteligência.

Assim, é por sua vontade que se colocam ou não em ação os mecanismos da mente, ou no dizer de Kardec e seus auxiliares espirituais: *à custa de suas próprias experiências*.

15

A VONTADE DE DEUS É SEMPRE A MELHOR?

> ... Deus não é o Universo per si, mas Deus emana de todo o Universo. E o Universo inclui todas as coisas e todas as partículas e todos os seres. Esta proposta inclui Deus dentro de nós.
> **Andrew Newberg**

E QUAL É a *vontade de Deus*? Depende, obviamente, da forma como você interpreta essa expressão. Já abordei em vários momentos alhures desta obra, o sentido dessa declaração. Vale a pena, a título de fixação de aprendizagem, dizer que, se você adota a filosofia *teísta*, obviamente, aceita o Deus antropomórfico, o Deus-pessoa que dirige tudo no universo, de algum lugar exterior. "Ele" (sentido figurado) monitora tudo, inclusive nossas ações, dizendo o que 'pode' e o que não 'pode' fazer,

160 | José Lázaro Boberg

estabelecendo, inclusive punições quando erramos ou prêmios quando acertamos, interferindo, inclusive, no livre-arbítrio. É óbvio que, assim pensando, o melhor que se faz para salvar a própria pele, é não duvidar, submetendo-se a essa vontade.

Essa concepção é a 'dualista', a do 'Deus lá' e 'nós cá', invenção teológica que vigora até os dias atuais. Deus é visto como alguma entidade justaposta ao Universo, no sentido de ser um indivíduo ou uma pessoa, da qual somos a imagem e semelhança. Esta é, com todo o meu respeito, aos que assim pensam, fazendo meu o pensamento de Rohden "certamente a mais primitiva e infantil de todas as ideologias da Humanidade".[115] E pior é que esse *infantilismo primitivo* domina as teologias cristãs, do deus antropomorfo. Por conta disso é que a *imagem* que o pensamento criou foi a de Homem. Segundo o pensador grego Xenófanes de Cólofon, ao criticar a inclinação humana de fabricar deuses à sua imagem e semelhança, conclui que, "se os animais tivessem mãos e pudessem fabricar imagens da divindade, o fariam copiando as características dos sub-humanos".[116] Nesta linha de comparação de que a *criatura* é imagem do *Criador*, Camille Flammarion diz que, se os besouros 'imaginassem' um criador, esse criador **seria** para eles um grande **besouro**.

No entanto, no decorrer do tempo, com maior grau de evolução espiritual, o homem foi mudando esse entendimento de "Deus à sua imagem e semelhança". Per-

---

115. RHODEN, Huberto. *Cosmoterapia*, p. 45.
116. Citado pelo ex. sacerdote Marcelo da Luz em seu livro *Onde a religião termina?* p. 320.

cebe-se, hoje, que "As pessoas se afastaram do *Deus pessoa*, adotando uma concepção maior, infinita: Deus, em algum sentido, permeando o mundo, mas também, em outros, sendo uma adição ao próprio mundo". Assim, "Deus não é o Universo *per si*, mas *Deus emana de todo o Universo*. E o Universo inclui todas as coisas e todas as partículas e todos os seres. Esta proposta inclui Deus dentro de nós".[117]

A essência infinita que denominamos de 'Deus' está em todos os seres, como causa primeira de todas as coisas, potencialmente. Na expressão poética de Léon Denis, **"o espírito** dorme na pedra, sonha na planta, move-se no animal e desperta no homem". Este entendimento está plenamente incorporado ao corpo doutrinário do espiritismo. A grande confusão é consequência do erro das teologias em separar "Deus do homem". Ele é entendido como uma entidade à parte do universo. É mais cômodo entregar a 'Ele' a nossa vontade.

Com esse objetivo, as religiões algemam o homem ao aprisco, em total **dependência**. A Igreja, muitas vezes, se colocou no papel de inibidora do crescimento humano, a grande opressora da liberdade, uma prisão e não uma fonte de cura. Esquecem, todavia, que ele é dotado do *Christós*, tal qual Jesus, Buda, Maomé, Tao, Brahma, entre outros, e, ainda, todo espírito em evolução. Então, essa ideia artificial e castradora, de entregar o *Christós* (semente divina em nós) a um ser de carne e osso é fugir da responsabilidade, transformando-se, conforme Jesus

---

117. NEWBERG, Andrew. *Quem somos nós?* p. 206.

162 | José Lázaro Boberg

afirmou, em *mortos-vivos*, carecendo de ser 'ressuscitados'. É a estes a recomendação de Jesus de Nazaré: *Ide e ressuscitai os mortos.* A isto é que se dá, atualmente, o nome de *sequestro da subjetividade.* De outro modo, o homem perde 'teoricamente' o seu *Christós* e entrega a Jesus, que passa a ser único detentor da fagulha divina... No entanto, cada ser humano está destinado a se tornar um Cristo.

O *princípio inteligente* habita todos os seres da Natureza, desde os seres iniciantes da criação, passando por todas as escalas, até atingir a idade da razão, despertando-se no homem. Os seres inteligentes, na condição de espíritos, são detentores do *princípio inteligente*, mas já individualizado. "Tudo se encadeia na Natureza, do átomo primitivo ao arcanjo, que também começou sendo átomo". E dizem mais: "Antes de entrar no período da humanização, isto é, transformar-se em espírito, *o princípio inteligente* vai se elaborando lentamente, numa série de existências anteriores; há um *ensaio*, sendo que o ser humano, por consequência, é o resultado de um longo processo de maturação do *princípio inteligente* que estagiou e evoluiu nos reinos inferiores da Natureza, passando de uma ordem inferior para o estágio da razão e do livre-arbítrio. Nesse ponto passa a ser considerado espírito – criado *simples e ignorante* –, e que vai percorrer a longa trajetória em busca do ápice da Perfeição".[118]

Bem, mas o que se prega nas organizações religiosas, como 'vontade de Deus', na realidade são prescrições

---

118. Ver o livro *O poder da fé*, cap. 3, por esta editora.

estabelecidas pelas teologias, com acréscimos das lideranças de cada doutrina. Então, para dar autenticidade às regras humanas nas igrejas, incutem nos devotos que são "palavras de Deus". O crente passa a viver *submisso* a estes ensinamentos, admitindo tudo como verdade. É comum ouvir de devotos que "na minha religião" isto não é permitido, querendo dizer com isso que estarão em 'pecado' diante da desobediência.

Certa vez, contou-nos um jovem que havia se separado da esposa, após várias tentativas do entendimento, sem reconciliação. Com intuito de ajudá-lo a superar a situação de sofrimento por que passava, disse-lhe que, com o tempo, poderia arrumar outra companheira. Ele, no entanto, incontinenti, disse-nos que não se casaria mais, pois a 'doutrina de sua igreja' não aprovava outro casamento. Quis insistir, mas ele respondeu que tinha que se submeter à vontade de Deus. Se Deus quis assim.... Veja a que ponto chega uma pessoa dominada por uma crença religiosa!

Neste caso, eu pergunto a você: Que é vontade de Deus? Será que temos alguém que interfere mesmo em nossas escolhas? Onde fica o nosso arbítrio, prerrogativa inviolável de decisão em nossas escolhas? Sabe-se que, pelo processo de aprendizagem, aprendemos com nossos erros. Deixaremos de ser nós mesmos para atendermos a manipuladores de nossas consciências? Criam-se regras doutrinárias e atribuem-nas a Deus! Como espírito de manada, caiu na armadilha; o devoto fica manietado, entregando a sua vontade a essa vontade externa teológica, dizendo que a desobediência é pecado! As religiões fazem o bem até certo ponto, mas também, em certos casos, fazem muito mal.

Ora, se assim fosse, bloquearíamos o desenvolvimento de nosso *Christós* latente em todo ser humano, cuja atualização é por 'conta e risco' de cada espírito, aqui reencarnado. Isso que nos conduz ao progresso. O homem tira de si mesmo a energia progressiva, não sendo resultado de um ensinamento, mas nem todos progridem ao mesmo tempo e da mesma maneira.[119] Não é isso que teria dito Jesus: *a cada um segundo as suas obras*? Qual o pai terreno que não fica feliz quando o filho alcança sucesso na vida por esforço próprio? Ou o professor que vê seu aluno andar com os próprios pés, alcançando sua independência, e muitas vezes superando o mestre?

Neste sentido, a religião, de um modo geral, inverte essa ordem. O bom crente é o que fica **dependente** da doutrina de sua crença religiosa. Muitas vezes as igrejas impedem o crescimento das pessoas, colocando-as 'de joelho', descrevendo-as como réprobas, merecedoras de castigos e de represália. É nessa ótica, o pensamento do médico e psicólogo Freud, que merece profunda reflexão: "Um homem que está livre da religião tem uma oportunidade melhor de viver uma vida mais normal e completa". Não sejamos, obviamente, extremistas, mas vale pensar, nas imposições das religiões dogmáticas!

É preciso deixar claro o sentido que se dá às chamadas Leis de Deus, que, na verdade, nada mais são que as Leis Naturais. "As Leis Naturais vão sendo desveladas, atra-

---

119. KARDEC, Allan. *O Livro dos Espíritos*, questão, 779.

vés dos princípios e das estruturas que, a cada tempo, vão se abrindo em revelações esplendorosas e que surpreendem porque estavam ali, sempre, antes de serem concebidas e descobertas".[120] Assim, estas são leis que existem sem participação do homem na sua elaboração, sendo, por consequência, eternas e imutáveis, cabendo ao homem **adaptar-se a elas**. Quando dizemos fazer a *vontade de Deus*, entendemos que é essa adaptação do homem a essas Leis Naturais e não a vontade dos teólogos e dos líderes religiosos com suas crenças religiosas.

Neste sentido, quando o crente diz que *a vontade de Deus é sempre a melhor* não está se referindo, obviamente, às Leis Naturais, que o espiritismo chama de Leis de Deus, ou Leis Morais, mas sim, às orientações estabelecidas pelas respectivas igrejas em suas doutrinas. Então, nesta ótica, quando o devoto diz que *a vontade de Deus é sempre a melhor*, sem mesmo perceber, está ele atrelado aos ensinamentos teológicos.

---

120. REGIS, Jaci. *Novo pensar: Deus, homem e mundo*, p. 9.

16

DEUS É FIEL?

Somos nós mesmos que temos o dever de criar condições de fidelidade, pelas nossas ações.

EXPRESSÃO DE CUNHO *teísta* e manipuladora, muito utilizada nos dias de hoje, com o objetivo de *formatar* na mente que Deus sendo fiel, está sempre nos dirigindo, expedindo soluções corretas e atendendo nossas súplicas. Quantas vezes, você 'ouve', ou mesmo, 'pronuncia' ou já 'pronunciou' expressões como estas: "Deus te abençoe!", "Vá com Deus!", "Fica com Deus", "Que Deus te proteja", "Deus me livre", "Graças a Deus", "Se Deus quiser". Já parou para pensar sobre estas frases usadas, mais pelo hábito, do que o sentido delas? Costumeiramente, usamos essas expressões, apenas pela fé 'que crê', ou pelo hábito, sem qualquer intenção. Com o tempo elas se incorporam em nossa rede neural e as pronunciamos, mecanicamente. É comum falarmos sem pensar, continuamente, em nossos diálogos: "Graças a Deus que tal fato aconteceu"! Você ouviu o jargão do jogador de futebol, no final do jogo, cujo time venceu a partida, dizer: em primeiro lugar quero 'agradecer a Deus', depois elenca uma série de outros fatores que foram fatais para o sucesso, seu preparo físico, seu esforço etc. Será que o fato ocorreu pela vontade de Deus ou por sua vontade? Pense!

Há ainda célebres afirmações, quando alguém perde o horário, seja lá por qual motivo, de uma viagem de avião, e este cai, morrendo todos os tripulantes, logo se atribui à "Providência Divina": Deus me poupou! Nasci de novo! Deus me salvou! Deus foi **fiel** comigo! Ora bolas, por que só com ele, esquecendo-se dos demais? Não é, Ele, 'alegoricamente', "Pai de todos?" E muitos, misticamente, atribuem a um "carma coletivo", estão ali para morrerem juntos, por conta dos débitos do passado... Pouco importa se foi falha mecânica ou do piloto; tinham que pagar certos débitos! Que absurdo!

Atente que, nascer ou morrer faz parte do processo evolutivo do espírito. Deixa um corpo, assume outro! Por que seria castigo? A encarnação tem por objetivo a perfeição contínua! Não são castigos! Não foi por 'vontade de Deus' que isto aconteceu. As coisas acontecem e vidas são ceifadas, sejam 'pecadores', sejam 'inocentes', jovens ou adultos, sem que isto esteja nos 'planos' de Deus. Ora – repitamos – aquilo que denominamos de 'Deus' não é pessoa, expressões das leis naturais eternas e imutáveis e que, por esse motivo, são denominadas de *Leis de Deus*.

As manifestações que utilizamos em forma de frases estereotipadas são consequências de repetição diariamente, e o cidadão acaba incorporando em seu vocabulário, sem qualquer vinculação com o fato em si. O encontro de duas pessoas: Como vai você? Vou bem, "graças a Deus"! Isto denota o sentido de que alguém está monitorando tudo, até os mínimos detalhes de nossa vida. Muitos dizem para afirmar que Deus está atento a tudo: "Deus no comando!" Neste sentido, o nosso livre-arbítrio não é livre; a nossa vontade é, em primeiro plano, a vontade de Deus. Dentro dessa ótica, toda minha vida está terceirizada a um imaginário Deus exterior, tipo humano, o qual acredito ser fiel e sempre me assessorar. Isto pode, sem dúvida, trazer certo conforto ao ser humano; no entanto, tudo que acontece em sua vida, seja bom ou ruim, vitória ou fracasso é fruto de escolha, prerrogativa do livre-arbítrio.

Seria uma troca de função entre a *fidelidade* de cada um, por uma **fidelidade** de Deus. Somos nós mesmos que temos o dever de criar condições de fidelidade, pelas nossas ações. O Universo não tem preferências por este ou aquele ser, por esta ou aquela crença religiosa, todas as coisas lhe são iguais. Ao nos 'esvaziarmos' das imperfeições, abrimos espaço para a presença da *Essência* em nós. Quem quer sintonizar-se com o Todo – interpretado como divindade, Infinito, Absoluto – deve criar 'espaço' em si mesmo, para ser invadido, conquistado, preenchido. A *vacuidade* atrai a plenitude que a preenche proporcionalmente como espaço preparado. Então, ao invés de pedir para que o Todo venha ao seu socorro, criemos espaço, que sua presença será automática.

Exemplificando, para elucidar o sentido da *vacuidade* e *preenchimento* do Todo em nosso eu. A presença do *Todo* em nós, depende do espaço que oferecemos. O recipiente (nós) recebe a presença do Universo, na proporção da capacidade.

1. Se nossa capacidade (espaço) para receber o Todo, for igual a 10, só receberemos 10; se for igual a 50, receberemos 50; se for igual a 100, receberemos 100 e assim por diante.

2. Quando se vai ao mar com uma xícara, colhe-se uma xícara de água salgada; quem for com um litro, colherá um litro; quem vai com um barril, colherá um barril.

3. Veja que o preenchimento da vasilha não está vinculado ao *volume* do oceano, mas à capacidade (espaço) de cada uma delas.

4. Da mesma forma ocorre conosco. O tamanho do vácuo (espaço) que criamos, é sempre proporcional ao *quantum* iremos receber, nem mais, nem menos!

5. Quando Jesus disse que "veio para que todos tenham a vida e a tenham em abundância", não está se referindo a uma doação, pura e simplesmente, mas que cada um receberá, sempre *de acordo com suas obras*.

6. Da mesma forma, quando você faz a limpeza no cômodo de despejo de sua casa, deixando-o limpo, o Sol (comparado ao Todo) penetra na proporção do espaço limpo.

Entendamos, pois, a questão do aforismo, **Deus é fiel**, que a *fidelidade* depende da *vacuidade* (espaço) que cada um cria, nas suas ações no bem. Assim analisando, é totalmente inócuo você, diante de um problema, lançar mão do aforismo, **Deus é fiel**, aguardando *benesse* sem contrapartida.

É muito válida a preocupação de que não devemos banalizar o conceito correto sobre a pessoa de Deus com frases e jargões. Concordo que esta frase tem sido muito explorada. Depois que uma determinada denominação em nosso país adotou-a como *slogan*, ela foi tão usada que alguns até exageraram em tal uso. Pode até ser que tenha virado fonte de lucro. Mas, neste contexto, o problema não está na frase "Deus é fiel" e sim, no uso que fazem dela. O nome Jesus também é, ao mesmo tempo que verdadeiro, também banalizado por alguns inconscientes.

17

SÓ JESUS NA CAUSA...

O que é que eu sou sem Jesus? Nada, nada, nada...
Pe. Alessandro Campos

IMAGINEMOS, A TÍTULO de reflexão, que não fôssemos colonizados pelos portugueses que, quando para cá vieram, fincaram as raízes do cristianismo. Se, em vez deles, tivéssemos aqui a implantação do islamismo com o seu profeta Maomé, com as regras 'sagradas' do Alcorão. Obviamente, não cultuaríamos Jesus, santos, profetas e toda essa 'história' da Bíblia. Daí, estaríamos proferindo, "Só Maomé na causa"! Atente, então, que máximas como estas estão calcadas no 'objeto de fé' de cada um, refletindo a respectiva doutrina adotada... Na verdade, nem Jesus nem Maomé resolverão o problema do religioso. Tudo se desenrola nos escaninhos da alma, onde,

174 | José Lázaro Boberg

psicologicamente é elaborado. O líder cultuado é apenas um 'catalisador'[121] para desencadear o mecanismo de fé, potência inerente em todo indivíduo, independente de religião que professa. Se você é ateu, a resposta ao mecanismo é sempre a mesma.

Fixemos em nosso caso, no cristianismo brasileiro com seus discursos pulverizados por conta das mais variadas interpretações. A religião cresce, transformando-se em "profissão de fé". Na atualidade, a disputa tem sido cada vez mais acirrada, neste mercado aberto de religiões, palco de voraz competição pela adesão das consciências. É uma verdadeira 'guerra santa' pela preferência da fé popular. Para se ter uma ideia da ferrenha disputa nesse mercado, "apenas em São Paulo – pesquisa da *Folha de São Paulo*, de 29.01.2006 –, a maior metrópole brasileira, em 2006, era aberta uma religião a cada dois dias, sem contar com outras tantas improvisadas em garagens de casas, sem autorização da prefeitura".[122] Ainda, sobre aumento desse mercado, só na linha cristã, o número de religiões criadas está em torno de 40.000 organizações de fé cristã, em todo o mundo. Imagine hoje!

Incrível pensar que, a cada dia, mais e mais templos são abertos no Brasil. Até aí nada contra, afinal, é melhor um templo de reflexão religiosa, seja lá de que crença for, do que a criatura estar em outro lugar, envolvido em viciações, sem objetivos mais nobres. Mas o que causa in-

---

121. Aquilo que desencadeia pela própria presença ou existência um processo. Veja o caso de fitinhas do Senhor do Bonfim, pé de coelho, medalhinhas, entre outros; eles são estimuladores da fé.
122. Ver o livro *Milagre – fato natural ou sobrenatural?* p. 21.

dignação é quando as 'igrejas' abusam da fé de pessoas humildes e inocentes. Sim, existem pessoas inocentes! Tem gente que não tem mesmo discernimento e acaba caindo no "conto do vigário", ou de qualquer outro profissional de religião. Outro dia, assistindo a TV, durante o culto, há um momento – pasmem! – que o pastor de "ovelhas" fica mais de meia hora só falando da contribuição que cada um deve dar à igreja. Acredite se quiser, o valor pode ser depositado na conta corrente da igreja. E não pode ser qualquer valor não, tem que ser no mínimo, R$ 600,00![123] Isto é exploração da fé ingênua de nossa gente. Ao invés de dar para a Igreja, por que não distribuir esse valor a tanta gente necessitada? Lembro-me aqui de uma frase constante da Carta de Tiago (1:27) que, se foi dita por ele, ou se colocaram na sua boca, pouco importa. Trata-se de uma verdade universal. "A religião pura e verdadeira para com Deus é esta: *Cuidar dos órfãos e das viúvas em suas dificuldades e, guardar-se da corrupção do mundo*". Em outras palavras, é o que o espiritismo defende, "Fora da caridade não há salvação". É a consagração do princípio da igualdade perante Deus e da liberdade de consciência.

Segundo *Feurbach*, "ao adorar a Deus, o humano adora a si mesmo, pois **deslocou** para fora de si a essência que lhe era própria"[124] **(grifo meu)**. Atualmente, dá--se a esse 'estacionamento' provisório de sua evolução, para entregar a um ser exterior, o nome de "sequestro da subjetividade".[125] Assim, o poder de decisão, que é

---

123. Equivalente hoje, aproximadamente, a 200 dólares.
124. Idem, ibidem, p. 18.
125. Sugiro a leitura do livro *Seja você mesmo*, José Lázaro Boberg.

prerrogativa de cada ser, é 'transferido' para fora. Não lhe parece estranho isso? Entregar-se a um ser sobrenatural, quando o Universo nos oferece, como mecânica de aprendizagem a evolução e o livre-arbítrio? Toda vez que a possibilidade de existir é lançada para uma realidade sobrenatural, temos esse *sequestro da subjetividade*.

A situação de fraqueza, de subserviência, de dificuldade diante dos normais óbices da vida tem levado a criatura religiosa a 'entregar' sua vontade a Jesus, crendo que 'só ele' pode dar uma solução. Os pregadores religiosos insistem nesta tecla. Quem aceita Jesus como 'salvador' tem sempre, ao seu lado, um advogado! Daí a expressão, hoje em voga, calcada na confiança mística de que "só Jesus na causa" pode dar uma solução, óbvio, sempre a seu favor! Entendamos, todavia, que não estamos incitando a exclusão dos ensinamentos de Jesus, ou atribuídos a ele. Não é isso, entenda bem! Muitos aforismos 'atribuídos' a ele fazem um bem danado em nossa vida. O que estamos criticando é sentir-se "que não é nada" e que só ele é o salvador...

Daí o sentido de que, se orar a ele que, pelo poder divino que é dotado, 'milagrosamente', dará um jeito ao problema! Não nos esqueçamos, porém, de que pelo livre-arbítrio, somos autores de nossas escolhas, sejam elas erradas ou, sejam certas. É óbvio que teremos consequências por nossas escolhas, mas o processo da aprendizagem ocorre dessa forma mesmo. Por efeito da *lei de ação e reação*, iremos sempre aprender com nossas escolhas. Essa é a mecânica da evolução e qualquer interferência de um ser divino externo, retiraria do ser humano a oportunidade de progredir. E todos nós, aqui encarnados, estamos buscando a perfeição, por meio de recursos próprios.

Por que só Jesus? A Igreja católica tem uma lista infindável de "santos protetores" para cada assunto. O primeiro da lista, obviamente, é Jesus – este, considerado Deus –, mas disponibiliza também, um santo protetor para cada problema, sem falarmos dos 'anjos da guarda' que, segundo a doutrina cristã, acompanha a criatura, tutelando-a do nascimento até à morte. De nossa parte, como espírita, nunca 'aceitei' essa história de anjo da guarda! Cada santo teve sua canonização pela proeza de ter feito algum 'milagre', derrogando a Lei Natural e daí a infinidade de protetores. Analise essa ideia de que "toda vez que alguém quer um milagre, quer que a Lei Natural seja derrogada a seu favor". Isto pode? É comum o crente católico dizer, "quando estou com determinado problema eu me socorro de tal santo. Sou devoto dele!".

Muitos crentes carregam no pescoço correntinha com a imagem do seu santo favorito, outros o colocam em altar particular de suas residências, com acendimento de velas, diariamente. Tudo isto tem como sentido a proteção diária! ... Não nos esqueçamos, no entanto, de que "seja falsa ou verdadeira a sua fé, o efeito será sempre o mesmo", por conta do processo catalisador da mente. Tudo é questão de fé! Segundo a tradição popular, no âmbito da Igreja católica, são vários santos protetores: Santa Rita de Cássia (causas impossíveis); São Judas Tadeu (causas perdidas); Santo Antônio de Pádua (objetos perdidos); São Braz (garganta); Santa Bárbara (raios e trovão), entre outros. No fundo, tem o mesmo sentido de vários 'deuses' pagãos, citados na Bíblia (da caça, da colheita, do amor, do nascimento, das artes, da guerra etc.).

A propósito, trazemos à colação uma entrevista pela televisão, quando se fazia cobertura à Festa dos "Círios de Nazaré", em homenagem à Santa de Nazaré, que ocorre anualmente em Belém do Pará. Um devoto dizia: "Coloquei a imagem da santinha na frente da minha motocicleta para que ela dirija os meus caminhos". Este é mais um fato que reflete bem a crença nos santos protetores. É mais um caso de fé "que crê!" Por crer que será guiado pela Santa, passa a aceitar, submetendo-se à imagem da santa. Em meu livro *O poder da fé*, por esta editora, registro vários casos ocorridos com pessoas religiosas por conta da **fé** que **apenas crê**. Vale a pena analisar!

Padres cantores como Alessandro Campos, Fábio de Melo, Marcelo Rossi, Reginaldo Manzotti, entre outros, fazem a 'cabeça' de seus fãs, alcançando amplo sucesso no mundo fonográfico nacional, influenciando, sobremaneira, os crentes cristãos, não só católicos, mas de outras religiões cristãs, incluindo aí, pasmem, muitos espíritas egressos do catolicismo que ainda mantêm a crença de que Jesus é o 'salvador'! Nós temos hoje, no movimento espírita, muitos "espiritólicos", referindo-nos àqueles que frequentam o espiritismo, mas continuam com um pé na sacristia. Oram para os espíritos, mas também para "Maria Santíssima!" Durma com um barulho deste!

A moda dos padres cantores parece que veio mesmo para ficar. Eles estão se proliferando e já começam a carreira com grande vantagem sobre os demais concorrentes: levam consigo (segundo eles) a *"proteção e a aprovação de Jesus"*, seu maior aliado. Alegam esses padres que, nos tempos atuais, evangelizar cantando é a forma mais rápida de atingir o coração das pessoas, levando a palavra de Deus. Cantores e cantoras evangélicas também não deixam por menos. São contratados para shows em todo o Brasil! Jesus é o foco de divulgação, afinal ele é tido como Deus, pelos cristãos! O historiador Bart Ehrman conta que a "Igreja levou três séculos para alçar Jesus à condição de Deus". Para os primeiro cristãos, Jesus era *homem* ou *anjo*, mas não *Deus*. Acrescente-se que isto ocorreu na decretação da doutrina da Trindade, introduzida pela Igreja no famoso Concílio de Niceia, em 325, por convocação do Imperador Constantino.

Esses cantores pregam, nas suas letras, 'insistentemente', que Jesus é o **único** caminho para a salvação. Sem ele o homem é um 'nada', um 'dependente', sem livre-arbítrio! Analise a lavagem cerebral do refrão repetido *intencionalmente*, pelo padre sertanejo, Alessandro Campos, afirmando que não somos nada, sem Jesus!

> O que é que eu sou sem Jesus?
> **Nada, nada, nada**...
> Sem Jesus o que é que eu sou?
> **Nada, nada, nada**...

Certas expressões inculcadoras de dependência foram colocadas na boca de Jesus, tais como: "Sem mim nada podeis fazer!", "Ninguém chega ao Pai senão por mim!", Aquele que crer e for batizado será salvo. Todavia, quem não crer será condenado! (Marcos 16:16). Dá para se aceitar, passivamente, expressões como essas? Trata-se de uma verdadeira 'lavagem cerebral!'

Para não nos delongarmos neste texto, podemos concluir que a expressão, "só Jesus na causa", é apenas um processo de autoajuda, com uso do pensamento positivo de que seremos amparados por ele, sempre que temos de encarar situações difíceis de serem resolvidas. E aí, por força de fé, diz-se que só mesmo Jesus para dar um jeito! Usa-se também para definir o espanto de alguém!

18

PACIÊNCIA

Eu pedi a Deus para me dar paciência. Deus disse não. A paciência nasce nas tribulações. Não é doada, é conquistada.

Autor desconhecido

VIRTUDE, QUE DEVE ser desenvolvida, como parte integrante de nossos hábitos, é a *paciência*. Ninguém nasce, "por graça divina", *paciente*. Muitas vezes você ouve dizer: "Deus lhe deu paciência!" Na verdade, é consequência do esforço pessoal. Quando encontramos, em nossos relacionamentos, criaturas que demonstram nas suas manifestações a *paciência*, é porque já palmilharam muitas estradas, pelos caminhos das experiências existenciais. Quando dizemos às pessoas que, diante dos infortúnios por que, eventualmente estejam passando, "tenham paciência que tudo se resolverá", na realidade, estamos formulando um convite para o exercício dessa virtude. Outras vezes, pessoas que já atingiram um nível maior de paciência dizem: "hoje sou um santo, já fui durante muito tempo, um estopim curto!" Com esta manifestação, estão confessando que conseguiram um grau maior de paciência...

Assim, podemos conceituar a *paciência* como aquela qualidade ou virtude de suportar as dores, incômodos, infortúnios etc. sem qualquer queixa e com resignação, lutando com fé na resolução dos problemas naturais do dia a dia... Ora, isso não se consegue de forma instantânea. Pode-se dizer que adquiriu paciência, porém de forma exterior, sem ocorrer ao mesmo tempo a mudança interna, pois, essa transformação interior não se realiza apenas em alguns anos de existência terrena. Muitas de nossas condutas são adquiridas por meio de vivências milenares. Imaginemos que, em existências passadas, o espírito ocupou, por várias oportunidades, posições de liderança, seja lá em que situação for, e sempre teve um comportamento de orgulho e egoísmo, diante de seus liderados. Será que esse condicionamento petrificado da personalidade mudará, repentinamente, numa existência subsequente? Admitimos receber ordens de seus atuais chefes ou patrões?

Ora, não existe mudança repentina. Pode-se apresentar uma forma exterior de comportamento, mas não uma transformação verdadeira. É comum chegarmos ao fim de uma existência terrena, sentindo que ainda somos repletos de imperfeições. Ainda não somos pacienciosos, ainda respondemos mal às pessoas, não temos o hábito de perdoar etc. Enfim, temos uma vasta estrada a percorrer, para que possamos conseguir *apascentar* os nossos demônios (entendam-se nossos corações). Por isso, se existisse uma única experiência carnal, seríamos tomados de apreensão e angústia, por não vislumbrarmos tempo necessário para as devidas correções, antes de passarmos desta para a vida espiritual.

Analisando a vida como uma sequência de oportunidades pelo processo das existências sucessivas, mudamos a nossa forma de pensar e passamos a compreender que somos seres em constante evolução e que, mediante os próprios esforços, adquiriremos todas as virtudes necessárias para implantar o Reino de Deus em nossa intimidade. Seremos espíritos puros, na classificação de Kardec, em *O Livro dos Espíritos*, questão 100. Mas, posteriormente, o próprio codificador, com relação à Perfeição insere em *O Evangelho segundo o Espiritismo*, a seguinte colocação:

> "Desde que Deus possui a perfeição infinita em todas as coisas, esta máxima, *Sede perfeitos, como vosso Pai celestial é perfeito*, tomada ao pé da letra, faria supor a possibilidade de atingirmos a perfeição absoluta. Se fosse dado à criatura ser tão perfeita quanto o seu próprio Criador, ela o igualaria, o que é inadmissível. Mas os homens aos quais Jesus se dirigia não teriam compreendido essa questão. Ele se limitou, portanto, a lhes apresentar um modelo e dizer que se esforçassem para atingi-lo. Devemos, pois, entender, por essas palavras, a *perfeição relativa* de que a Humanidade é suscetível, e que mais pode aproximá-la da Divindade".[126]

---

126. KARDEC, Allan. O *Evangelho segundo o Espiritismo*, cap. 17, item 27.

Quando dizemos que 'perdemos' a paciência, na verdade, com essa manifestação, estamos demonstrando que 'ainda' não incorporamos em nosso comportamento essa virtude, pois, quando ela está desenvolvida, efetivamente, não fazemos qualquer esforço para "ser", pois "somos", simplesmente, sem qualquer dificuldade. É algo que se manifesta 'espontaneamente' por força do amor. A paciência é um bem que, uma vez adquirida, naquela fase relativa, nunca mais se perde, acompanha-nos no processo evolutivo. Não encontramos em nossa vida de relação social, pessoas que sempre foram bondosas e pacientes e que são assim, sem nenhum esforço? Ninguém sabe, no entanto, quantas lutas o espírito travou consigo mesmo, ao longo dos séculos, para chegar a esse estágio. Só a reencarnação explica! Numa existência única seria impossível tamanha conquista! Chegaremos ao final da jornada, ainda, explosivos.

No dizer de André Luiz, "a paciência não é um vitral gracioso para as suas horas de lazer. É amparo destinado aos obstáculos"[127]. Ser paciente quando tudo está bem, quando ninguém nos contrarie é fácil! Muitas vezes, acreditamos que o somos, quando, na realidade, estamos ainda "engatinhando" na conquista desta virtude. Temos, sim, 'teoricamente' o conhecimento do que ela seja, mas, na prática, a história é outra! Isto porque a tal conquista é resultado de um processo de aprendizagem da alma, por intermédio do desenvolvimento do amor. Sua gradação nas criaturas é proporcional ao nível de

---

127. XAVIER, Francisco Cândido. André Luiz. *Agenda cristã*, cap. 29.

Seja feita a sua vontade – A força do querer | 185

evolução em que estas se encontram. Assim, a paciência não é fruto da *vontade de Deus*, mas, da sua mesmo!

Paulo, em Carta aos Hebreus, apenas 'atribuída' a ele[128], ensina o sentido desta virtude, mostrando a esperança que Abraão tinha na promessa de Deus, escrevendo: "*E assim, tendo Abraão esperado com paciência, alcançou a promessa*". Não devemos aguardá-la na inação, temos que persistir nos objetivos, mesmo diante dos obstáculos naturais da empreitada. Se há uma meta a alcançar, o caminho entre o início e o objetivo deve ser pautado na paciência, construído com o suor do trabalho e o esforço da persistência. Ter esperança na vitória exige trabalho e calma, e esta deve ser traduzida como o esforço pacífico na consecução da obra. Nesse sentido, o apóstolo dos gentios, nesta Carta, nos adverte que: precisamos esperar com paciência *operante* que sentiremos o sabor da vitória, cuja conquista é fruto da perseverança sem inação.

Figura de extraordinária beleza d'alma, que tivemos a felicidade de conhecer nas nossas lides espíritas, foi Jerônimo Mendonça. Mesmo na sua condição de interno em corpo físico debilitado, levantava *os caídos*, pela força de seu exemplo, razão pela qual era chamado de "O gigante deitado". No curto espaço de tempo em que desfrutamos de seu convívio, pudemos entender o sentido da "paciência" manifestada por essa alma extraordinária. Pois bem, mesmo ele, ao referir-se à conquista dessa virtude, de seu leito-prisão, onde era transportado por todo o Brasil, em uma Kombi, a fim de pregar o Evan-

---

128. Hb 6:15.

gelho de Jesus, dizia: *"se não reclamamos, se procuramos desempenhar o nosso trabalho espírita, se jamais achamos o nosso fardo pesado, isso não quer dizer que já atingimos essa conquista maravilhosa dessa virtude excelsa. Somos um pequeno candidato dessa virtude chamada* **paciência***"*.[129]

E, complementando o sentido da paciência, ou "ciência da paz", dizia ainda que: "ninguém precisa ficar inativo a pretexto de estar velho ou de contar com deficiências. Basta que queiram servir de instrumentos dos bons espíritos, a caridade se faz de mil modos, até mesmo tendo 'paciência com nós mesmos', na intimidade da nossa consciência, dentro de nosso próprio lar".[130]

Jesus, na expressão dos auxiliares de Kardec, é o guia e modelo mais perfeito que Deus ofereceu para servir ao homem e como tal é, também, o paradigma de paciência suprema. Mudou o roteiro dos costumes milenares de imposição pela força física, pela virtude da paciência. Para tal objetivo aproveitou todos os momentos a fim de, com lições fraternais, orientar as criaturas, sem recriminações, em suas fraquezas e imperfeições. Diante dos erros, sempre encontrou a parábola certa, a lição de sabedoria, o exemplo de bondade e a força da paciência para ensinar o caminho da verdade da vida. Por isso, continua a nos ensinar que tal construção é um processo pessoal, diante da tomada de consciência de cada um, afirmando: *"É na vossa paciência que ganhareis as vossas almas"*. *"Vai e não erres mais"*. *"Vós sois deuses"*, o *"Reino de Deus está dentro de vós"*.

---

129. MENDONÇA, Jerônimo. *Crepúsculo de um coração*, p. 59.
130. Id, ibid, mesma página.

Portanto, para que esta virtude se incorpore em nosso comportamento não basta a condição de estar filiado à religião A ou B, embora isto possa ajudar. A paciência é um estado d'alma, em que as criaturas desenvolvem o sentimento religioso e estão imunes às inquietações exteriores, pois atingiram a liberdade. É comum pessoas, de pensamentos rigidamente dogmáticos, não serem capazes de perceber a distinção entre a *prática religiosa* e o *sentimento de religiosidade*. Passam um longo período da vida presas às regras impostas por determinadas crenças, sem, todavia, desenvolver a religiosidade. Só com o despertar do pensamento de religiosidade, o homem é capaz de conquistar esta virtude.

19

VOCÊ CONSTRÓI A "SI MESMO"

> *O trabalho de cada um, com esforço e dedicação é a 'chave' para a construção de si mesmo.*

INICIEMOS A REFLEXÃO sobre este texto, ancorando-nos na orientação do espírito Calderaro em o livro *No mundo maior*[131], quando ensina: [...] "Não ignoras que a codificação do plano mental das criaturas ninguém jamais a impõe: é fruto de *tempo*, de *esforço*, de *evolução*;[...]". Em outras palavras, ninguém aprende por *osmose*,[132] tudo é fruto da ação do próprio espírito em evolução. Trazemos em nós o *germe* da perfeição, pois o *reino de Deus está dentro de*

---

131. XAVIER, Francisco Cândido, pelo espírito André Luiz. *No mundo maior*, cap. 1.
132. Você já deve ter ouvido algum colega dizer (ou você mesmo já pode ter dito) que vai grudar em um amigo inteligente para "aprender por osmose". É claro que isso é só uma brincadeira e que todo mundo sabe que não é possível transferir conhecimento de uma pessoa para outra pelo simples contato.

nós, em estado potencial. O homem possui o futuro em si mesmo, o ideal, a meta superior a ser alcançada. Mas na *inação* nada acontece. O trabalho de cada um, com esforço e dedicação é a 'chave' para a *construção de si mesmo*.

Calderaro ainda enfatiza que "O **acaso** não opera prodígios. Qualquer realização há que *planejar, atacar, pôr a termo*. Para que o homem físico se converta em homem espiritual, o milagre exige muita colaboração de nossa parte". E conclui: – "As asas sublimes da alma eterna não se expandem nos acanhados escaninhos de uma chocadeira. Há que trabalhar, brunir, sofrer".

O espírito renasce para evoluir, para reajustar-se com as Leis Divinas, dotado que é de um impulso interior fabuloso e irresistível de seguir *para frente e para cima*, seguindo o caminho evolutivo rumo à perfeição; ele traz em si mesmo, em estado latente, a *força*, bastando movimentá-la. É nesse diapasão que Kardec e seus auxiliares espirituais, na elaboração de *O Livro dos Espíritos*, questão 776, afirma que "O homem sendo perfectível, e carregando em si mesmo o germe de seu aperfeiçoamento (...)", **constrói a si mesmo.** (Acréscimo meu).

Compreenda, pois, que em matéria de evolução, nada acontece sem sua efetiva participação, razão pela qual a *vontade* de dar expansão a esse potencial não pode ser *terceirizada*. *Vontade* só tem sentido, em termos de aprendizagem, *se for a própria*; nada de entregar a outrem externamente – quer seja humano, quer seja divino – o que lhe cabe na obrigação de *construir a si mesmo*. Você pode ter excelentes professores, pais dedicados, mas, todos eles, devem respeitar a sua vontade.

A mãe de André Luiz,[133] na Colônia *Nosso Lar*, referindo-se às dificuldades para despertar seu marido, Laerte, nas regiões umbralinas do mundo espiritual, trouxe-nos relevantes apontamentos da necessidade da **adesão da vontade**, mola propulsora para que se possa desencadear o processo de mudança. Sem a vontade é 'deixar a coisa acontecer' **(Grifos meus)**. Diz-nos, ela:

> Com vibração ainda presa em baixos níveis, o pai ainda não conseguia perceber a assistência espiritual da esposa e nem dos amigos espirituais. Em certas ocasiões, demonstrou vislumbre momentâneo de lucidez, mas sem a preponderância da *vontade* e, por falta de perseverança no bom e reto pensamento, voltava a aprisionar-se nas teias de sua mente doentia. É nesta linha que ensinou: "Não é possível acender luz em candeia sem óleo e pavio" ... Precisamos da adesão mental de Laerte, para conseguir levantá-lo e abrir-lhe a visão espiritual. (p. 105)

Em meu livro *Seja você mesmo*, advertimos sobre os riscos de entregar nossos destinos nas mãos dos outros, quer sejam companheiros de jornada, quer seja uma suposta 'divindade'; alertamos ainda sobre os cuidados que devemos ter com os nossos próprios pensamentos e atitudes para que não sejamos nós, os 'ladrões' de nossos sonhos. O desenvolvimento de nosso *Christós* (do grego, semente divina) não ocorre de 'fora para dentro', mas 'de dentro para fora'. Eles nos 'ajudam' a 'despertar' a

---

133. BOBERG, José Lázaro. *Aprendendo com Nosso Lar*, cap. 14, p. 97.

192 | José Lázaro Boberg

força interior – ela nasce conosco – mas, em matéria de desenvolvimento da alma, só nós mesmos podemos ser os autores! Daí poder afirmar que a única ajuda que realmente existe é a *autoajuda*, ou seja, quando o indivíduo decide mudar. Se você quer, você pode!

É nesta linha de raciocínio que o filósofo Sócrates desenvolveu, como método de aprendizagem, a *maiêutica*. Ela tem como significado "dar à luz", "parir" o conhecimento (em grego, *maieutike* – significa "arte de partejar"). É um método que pressupõe que *a verdade está latente em todo ser humano, podendo aflorar aos poucos na medida em que o mestre ajuda o aprendiz colocar em ação seu potencial*.[134] Assim, ao invés de impor de 'fora para dentro' a aprendizagem, estimula o estudante a "construir o seu próprio conhecimento".

Para este filósofo grego, todo o conhecimento é latente na mente humana, podendo ser 'estimulado' por meio de perguntas e respostas feitas de modo perspicaz. Uma de suas frases mais icônicas simplifica a ideia do que seria a *maiêutica*: *"Conhece-te a ti mesmo"*. Ora, de acordo com essa dialética, a verdade está dentro do homem, cabendo a ele refletir e atingir as chamadas "verdades universais".

Com suporte no que ensina a doutrina espírita, a vida não começa no '*berço*' e termina no '*túmulo*'. O espírito, em sua ascese evolutiva, traz em si as aquisições de aprendizagem em existências anteriores, gravadas na

---

134. A maiêutica, criada por Sócrates no século IV, a.C., em associação ao trabalho das parteiras – aliás, profissão de sua mãe – visto que, para o filósofo, o seu método proporcionava o parto intelectual dos indivíduos.

consciência. Em todo procedimento, o indivíduo utiliza as estruturas mentais que já possui, que reagirão com o procedimento presente, formando nova estrutura. Valendo-se deste repositório adquirido, vai *encarar* situações novas. Caso não tenha recursos em suas estruturas mentais (no que já foi aprendido) para enfrentar essa situação, haverá o 'desequilíbrio'. Após outras tentativas, consegue aprender, formando nova estrutura mental. Gera aí o que Jean Piaget, renomado psicólogo, chama de "acomodação". Mas é acomodação, ainda 'provisória', pois essa mecânica da aprendizagem – equilíbrio-desequilíbrio-acomodação-desequilíbrio – ocorrerá eternamente.

Toda ação repetida gera um hábito. O hábito muda o caráter. O caráter muda a existência. "Logo que você aprende algo, seja dirigir um carro, nadar, tocar um instrumento musical, você faz todos os movimentos conscientemente. Você erra, mas não desiste. Você conserta os erros e continua tentando até dominar completamente as suas ações. Então, de repente, você percebe que não precisa mais prestar atenção em cada movimento, tudo é feito automaticamente, tudo flui e você se diverte porque não é necessário mais nenhum esforço. Assim também, ocorre com a vida espiritual".[135] É o que chamamos de colocar no 'piloto automático', houve uma acomodação mental, com a presença de uma nova estrutura.

Toda atividade mental se processa pela *assimilação* e *acomodação* em níveis gradualmente crescentes, num

---

135. CADDY, Eileen. *Abrindo as portas interiores*. Penso Positivo-News.

194 | José Lázaro Boberg

avançar progressivo, construindo pouco a pouco novas estruturas, em níveis cada vez maiores. Então, em suas preces, o que você pede, na realidade, é um protocolo de intenções depositado em sua mente que, com a força do seu querer (vontade), no tempo devido, vai acontecer. Neste sentido, é você mesmo que constrói a sua inteligência, desenvolve o seu livre-arbítrio, amadurece suas escolhas, num processo de assimilação e acomodação constante.[136]

Não queira, pois, ser outra pessoa, senão você mesmo. Nílton Bonder,[137] já citado alhures, nos conta a história:

> Vieram cobrar do rabino Dzikover o motivo pelo qual ele diferia dos caminhos de seu pai, que fora fundador de uma dinastia de rabinos. Ele respondeu:
> - "Não é verdade. Eu faço exatamente como o meu pai: ele nunca imitou ninguém e eu também nunca imitei ninguém. Somos iguais!"

Então, deu para entender a mecânica do Universo, porque "você constrói a si mesmo?". *Seja sempre feita a sua vontade!*

---

136. Sugerimos a leitura do livro *Educação do espírito – uma introdução à pedagogia espírita* de Walter Oliveira Alves.
137. BONDER, Nílton. *Código penal celeste*, p. 81.

20

PROGREDIR? A VONTADE É SEMPRE SUA!

←———⟨ ● ⟩———→

O homem tira de "si mesmo" a energia para o seu progresso, não sendo resultado de ensinamento.

Questão 779 de O Livro dos Espíritos

Durante a Idade Média, a relação entre Estado e Igreja influenciou no surgimento de uma concepção de *direito natural*, sendo reconhecido como as "Leis de Deus". Ficou convencionado que o que o Estado legisla são *leis humanas* e o que nasce com o homem, sem sua interferência, são, então, *Leis Naturais*, denominadas, por isso, de *Leis Divinas*. Uma concepção lógica, sem dúvida, pois, a Igreja era, até aquela época, soberana, a única detentora da fé religiosa, conforme já nos reportamos alhures, e nada 'seria' concebido se não passasse pelo crivo dela.

No entanto, com o surgimento da corrente filosófica do Iluminismo, na metade do século XIX, a fonte do direito natural afastou-se do pensamento, até então – apenas religioso – para se firmar na força da 'razão'. As principais características do Direito Natural são a estabilidade e imutabilidade, jamais sofrendo alteração; diferente do Direito positivo, que é mutável, de acordo com o avanço da sociedade.

É esta linha de pensamento que o espiritismo, em *O Livro dos Espíritos*, seguiu, adotando a concepção defendida pela Igreja, quanto às Leis Naturais, denominando-as, também de "Leis de Deus", caracterizando-as como 'eternas' e 'imutáveis'. Dizem mais, na questão 614, deste livro, que "elas são as únicas necessárias à felicidade do homem; elas lhes indicam o que ele deve fazer ou não fazer, e ele só se torna infeliz porque delas se afasta". O Direito Natural antecede todas as outras teorias do direito, devendo ser maior até que o poder do Estado, e nenhuma lei pode ir contra este ordenamento.

E, sendo assim, a legislação humana não pode fugir, na elaboração de suas leis, de se inspirar nas Leis Naturais. "Há necessidade de modificá-las à medida que os homens vão melhor compreendendo a justiça. As leis humanas são mais estáveis à medida que se aproximam da verdadeira justiça, quer dizer, à medida que são feitas para todos e se identificam com a Lei Natural". Nesta ótica, comenta o codificador, questão 795 de *O Livro dos Espíritos*: "A civilização criou novas necessidades para o homem, e essas necessidades são relativas à posição social de cada um".

Foi necessário regular os direitos e os deveres dessas posições através de leis humanas. Mas, sob a influência das suas paixões, o homem criou, muitas vezes, direitos e deveres imaginários, contrários à Lei Natural e que os povos apagam dos seus códigos à proporção que progridem. A Lei Natural é imutável e sempre a mesma para todos; a lei humana é variável e progressiva: somente ela pôde consagrar, na infância da Humanidade, o direito do mais forte.

Concluindo: O Direito Natural é o conjunto de normas que estabelece pela 'razão' o que é justo, de forma universal. É anterior e superior a todas as outras teorias do Direito. Já o Direito Positivo é o conjunto de leis instituídas por um Estado e considera as variações da vida social e dos Estados como influenciadoras das leis criadas pelos homens, fundamentadas no Direito Natural.

Podemos, para fins didáticos, deixar mais claras as diferenças entre as Leis Naturais e as provenientes do direito positivo. Vejamos a título de exemplo, apenas duas leis:

1. A *lei do trabalho* é uma *lei natural*, e por isso mesmo, é uma necessidade. Tudo trabalha na natureza, desde os seres inferiores da criação até o homem. Tem ele duplo objetivo: a conservação do corpo e o desenvolvimento do pensamento, que é também uma necessidade e que o eleva acima de si mesmo. Sendo lei natural, é imutável; recebe, no entanto, regulamentação do direito positivo com mudanças, de acordo com o avanço da civilização. Daí, no país, as leis trabalhistas, que são infranaturais, regulamentam a relação empregado/empregador.

2. A *lei da reprodução* dos seres vivos é também uma lei natural. Sem a reprodução, o mundo corpóreo pereceria.[138] O Direito positivo tem a responsabi-

---

138. KARDEC, Allan. *O Livro dos Espíritos*, questão 686.

lidade de regulamentar as relações civis entre as pessoas, no casamento, na proteção aos filhos, na educação etc. Tem-se, então, a reprodução como lei natural, porém a vida de relação e suas consequências reguladas pelo direito positivo.

Elaborados estes fundamentos, podemos agora analisar com mais precisão a proposta deste texto, de que *o progresso se realiza pela vontade de cada um.*

1. Sendo o progresso uma Lei Natural, sua ação se faz sentir em tudo no Universo, não tendo, portanto, o homem poderes de obstar-lhe. Essas e todas as demais Leis naturais estão gravadas na consciência (questão 621 de *O Livro dos Espíritos*), tendo, portanto, um tribunal próprio de julgamento, sem a ideia teológica de 'céu' e 'inferno' exteriores.

2. O princípio inteligente, depois de estágio nos seres inferiores da Criação, começa, após sua *individualização* em espírito, a jornada humana, de forma *simples* e *ignorante,* mas com todas *as aptidões* para tudo conhecer, para progredir, fruto da conquista do livre-arbítrio. Atente que a viagem do espírito em sua ascese evolutiva, progredindo sempre, é por *sua conta e risco,* ou seja, pela vontade pessoal, sem qualquer obrigatoriedade de vincular-se à vontade externa.

3. A afirmação 'atribuída' a Jesus "Vós sois deuses, podeis fazer o que faço e muito mais". (Jo. 14:12), deixa claro que o espírito, sendo o construtor de seu destino, é livre para progredir, infinitamente, cada qual no seu tempo! Só depende de *sua vontade.* É a 'força do querer', potencialmente, em cada ser em evolução. Nada de fugir da responsabili-

dade, entregando a **sua** 'vontade' para a 'vontade' de Deus! O que as Igrejas pontuam como *vontade de Deus*, na realidade, são regras 'empacotadas' pela teologia e impostas aos seus seguidores. Você é Deus em evolução.

4.   Assim funciona essa lei do progresso, um dos pilares básicos do espiritismo, sem detença, para frente. No dizer de André Luiz[139], "(...) Por nossa vontade e esforços próprios, conquistamos valores, de experiência em experiência, de milênio a milênio. Não há favoritismo no Templo Universal do Eterno, e todas as forças da Criação aperfeiçoam-se no Infinito. A crisálida de consciência, que reside no cristal a rolar na corrente do rio, aí se acha em processo liberatório; as árvores que por vezes se aprumam centenas de anos, a suportar os golpes do Inverno e acalentadas pelas carícias da Primavera, estão conquistando a memória; a fêmea do tigre, lambendo os filhinhos recém-natos, aprende rudimentos do amor; o símio, guinchando, organiza a faculdade da palavra (...)". Nós, seres humanos, acionamos, pela vontade, a força interior no aprimoramento individual, que é de responsabilidade de cada um, na busca constante da perfeição, que, segundo Kardec, é sempre *relativa*.

5.   O divisor de águas entre o espiritismo e as demais doutrinas vinculadas ao pensamento judaico-cristão reside exatamente no princípio evolucional alicerçado na lei natural do progresso.

6.   De conformidade com a teologia da Igreja, depois da morte física, a alma é transferida para o lugar de julgamento divino, onde terá, como destino, o céu e/ou inferno; criações teológicas, totalmen-

---

139. XAVIER, Francisco Cândido Xavier. André Luiz. *No mundo maior*, cap. 3.

te contrárias à lei do progresso e da evolução *ad infinitum*.

MARCHA DO PROGRESSO

O progresso não é resultado de um ensinamento. O homem progride por si mesmo, colocando em ação os seus potenciais imanentes.

Saliente-se, não obstante, que o progresso moral nem sempre acompanha o progresso intelectual.

O Universo aceita, em razão do livre-arbítrio, todas as ações do homem, sejam boas, sejam más. Colheremos, obviamente, as consequências; não haverá castigo de Deus pela ação equivocada.

LEGISLAÇÃO HUMANA

Em tese, a sociedade poderia viver unicamente pelas leis naturais, se a população fosse toda moralizada, pois é pelo desenvolvimento moral que se reconhece uma civilização completa.

Compreendamos que o espírito evolui por esforço próprio, com o trabalho de si mesmo. O mecanismo da evolução é ação, atividade, trabalho. Tudo no Universo é ação, dinamismo, movimento. Pelo todo exposto, conclui-se, pois, que progredir ou não, *a vontade é sempre do espírito*!

21

NINGUÉM SALVA NINGUÉM!

Tenho esperança de eu mesmo me salvar.
JZ Knight

A IDEIA DE *salvação* está tão arraigada nos meios cristãos que, se você manifestar qualquer pensamento contrário, prepare-se, porque você será alvo de críticas, por parte dos religiosos cristãos *teístas*! Dizem, onde já se viu? Só Jesus nos salva! Ele é o nosso único Salvador! Perguntamos nós: Será mesmo? Veja que o termo é tão comum no meio cristão, pela força da repetição doutrinária, que a mente acabou sendo formatada, por esse conceito, tão somente cristão, portanto, não universal.

No geral, as outras linhas de fé religiosa não compactuam com esse pensamento. Alguns acham até *pueril* esta ideia de que alguém vai nos salvar! Então, entendamos que se trata de construção teológica da Igreja, para 'acalmar' os corações aflitos diante das situações difíceis de ser solucionadas por si mesmas. Salvação é fruto da existência única, por meio da propaganda enganosa sobre os conceitos de céu e inferno, mas para o espiritismo a salvação (educação da alma) é feita por você mesmo, através das múltiplas existências. Pela lógica, não se justifica o estudioso da doutrina espírita adotar este conceito; ele é exclusivamente *teísta*.

Esta ideia vem corroborar o que estamos comentando, isto é, que, se alguém fizer por nós – no sentido do aforismo *Seja feita a sua vontade* –, não desenvolvemos os nossos potenciais. Isto acaba estimulando a 'submissão' e a 'dependência' do ser às forças externas. Essa crença da teologia católica, de que o homem é pecador, incapaz de resolver seus problemas, por si mesmo, a não ser que se 'submeta' *à vontade de Deus*, acaba contagiando e transferida, atavicamente, até para o espiritismo, que teoricamente, nasceu *deísta*, mas que adotou também algo do *teísmo*, como aconteceu com o codificador e seus auxiliares espirituais, presos ainda ao pensamento da Igreja católica. Como já comentamos alhures, esta referência a uma pretensa *vontade superior*, está presente apenas nos estágios iniciais de caminhada evolutiva, diminuindo, todavia, à medida da maturidade espiritual.

Vejamos como a doutrina espírita interpreta esse conceito de 'salvação', e mais ainda, a ideia de que "Jesus me salvará"? Salvar no sentido de sermos conduzidos a um lugar chamado "céu", por interferência de um 'salvador', é, na verdade, uma farsa, porque bloqueia a evolução do ser por seus próprios méritos. Se alguém fizer por você, adeus evolução espiritual! Mas, por mais incrível que pareça, a grande maioria das concepções cristãs (mesmo entre alguns espíritas) 'engole' esta falácia teológica de que ele seja o 'único' salvador. Dizem, se aceitarmos que ele é o 'salvador', alcançamos a salvação! Uma inversão total do processo de aprendizagem! Ora, aprender ocorre no enfrentamento de obstáculos. Diante da incapacidade de vencer por si mesmo – que é único caminho do crescimento – peça para que alguém o salve! Tão simples, não é?

Entendemos que Jesus foi, segundo informam os Evangelhos, um espírito *avante de seu tempo*. Mas daí a transformá-lo num fazedor de 'milagres', de realizar pelos outros, o que cabe a cada um, seria caminhar na contramão das Leis naturais. Não consta de sua fala (mesmo que seja de autoria dos escritores dos Evangelhos), que cada um deve ser julgado pelas suas 'obras'? Para o estudioso da doutrina espírita, quem educa incentiva os aprendizes que façam por si e com os meios de que dispõem para a própria trajetória. Nada de moleza! Aquela história contada *das pegadas na areia* de em que, nos momentos difíceis Jesus o carregou no colo, não é histórica (verdadeira), mas apenas uma história de consolo! E digo mais, não tem sentido!

'Salvação' no verdadeiro sentido é fruto de trabalho pessoal do ser humano, evoluindo sempre, ora acertando, ora errando; nos erros retificam-se 'escolhas' erradas, amparando-se em seus próprios esforços, sem o sentido de ser conduzido a um 'imaginário' céu, através da salvação divina. Segundo o espírito Emmanuel, a salvação da alma deve ser entendida como autoiluminação, ou seja, o próprio ser se ilumina por meio de esforço e disciplina. Para compreendermos de que se trata a justiça celeste, temos de nos liberar da propaganda que fez dos céus um repositório de fantasias terrenas. A salvação (educação) é um compromisso pessoal diante do tribunal da própria consciência, cada um no seu tempo de entendimento!

Assim, a salvação quer dizer *educação da alma*, em todos os sentidos, através de esforço e aplicação das Leis naturais. Atentemos ainda, pela recomendação de Jesus, segundo João: "Tudo o que eu faço vós também podereis fazer e muito mais". Seja dele, ou não, a premissa é verdadeira. Todos podem alcançar os objetivos que programarem desde que seja por vontade própria! O diferencial entre as pessoas está em dispender mais ou menos tempo, mas todas estão destinadas à perfeição! Céu e inferno são conceitos primários e infantis de justiça!

Um dos aspectos básicos do cristianismo é a ideia de que "Jesus me salvará". Na verdade, ninguém me salvará, entendendo que salvação não é condução para o céu, conforme os ensinos teológicos, mas um processo de evolução do ser, por méritos próprios. É por isso que tenho a esperança de que "eu mesmo me salvarei". Existe ideia mais desmoralizante do que essa? Imagine se alguém de fora vai resolver o meu problema? Ora, aprender é *ato pessoal*, como consequência da superação de obstáculos. Quem decide tudo – errando ou acertando – é você mesmo, colocando em ação sua vontade livre e soberana. Nada de alguém decidir por você! Atente que 'aprender' é uma ação pessoal!

A ironia é que são exatamente esses erros, essas decisões ignorantes, esses 'pecados' que levam a estados cada vez mais elevados. E se alguém puder salvá-lo, você nunca precisará assumir responsabilidades, clássica mentalidade de vítima. É o caso do aforismo da oração do Pai-Nosso quando oramos: *Não nos deixeis cair em tentação!*

Sobre o assunto, Tiago (1:2-3) aborda a utilidade da 'tentação' como recurso pedagógico: "tende grande gozo quando cairdes em várias tentações, sabendo que a prova da vossa fé produz a paciência". A verdade prática é que o triunfo sobre a tentação fortalece-nos espiritualmente. Cada tentação vencida significa avanço rumo ao amadurecimento espiritual. O termo tentação significa "prova", "provação" ou "teste". O professor testa 'constantemente' seus alunos para aferir aprendizagem. A vida também faz o mesmo. Somos testados diariamente para verificar o que já aprendemos e o quanto devemos ainda aprender! Isso não tem nada a ver com a vontade externa, mas a sua vontade!

Por conta de falácias teológicas, o crente diz que precisamos fazer a *vontade de Deus* para agradá-Lo! "Agradar a Deus nos isenta de viver. Quer dizer, penso que todos deveríamos ter o privilégio de viver nossos próprios pecados e de nos enriquecer em sabedoria, graças a eles. Não vejo como podemos crescer e nos tornar seres extraordinários se não estivermos repletos da praga da *experiência*, que é má e prejudicial etc. porque só dessa forma teremos realmente alcançado a sabedoria que nos permite compreender todo o mundo".[140]

---

140. JZ Knight, *Quem somos nós?* p. 204. Com base no texto: Salvem-me de mim!

22

SE VOCÊ QUER, VOCÊ PODE...

*"Se você quer ser feliz, não acredite que a felicidade **cairá do céu**, gratuitamente. **Cair maná do céu** é tão somente uma lenda bíblica".*

DEPOIS DE TUDO que abordamos sobre a responsabilidade de cada um, no desenvolvimento das potencialidades do espírito imortal, sem *terceirização da vontade*, podemos agora trabalhar a afirmação acima: *Se você quer você pode*! Somos seres perfectíveis, evoluindo sempre, cada um a seu tempo, através do esforço próprio, com o trabalho de si mesmo. Esta evolução deve ser tanto do ponto de vista espiritual, como no material. Pelo espírito, desenvolvemos os potenciais eternos da alma; pelo corpo, o espírito estagia na arena física, manifestando-se por ele, que o exprime. Temos, no entanto, de cuidar deste veículo de manifestação da alma, com nutrição saudável, proporcionando-lhe bem-estar, através da higiene, exercícios físicos e alimentação adequada – tudo isso sem exageros –, evitando os vícios – não importa quais sejam eles – que, lentamente, vão destruindo o que está sob nossa responsabilidade. Nosso corpo é um templo vivo da alma com necessidades peculiares, e, ignorar essas necessidades, é ignorar as Leis da Natureza.

Interpretações errôneas ainda persistem entre os tão somente *religiosos*. Uns cultuam o espírito em detrimento do corpo, por julgarem que este não é imortal; outros maltratam o corpo, como forma de *purificar* o espírito. O equilíbrio é sempre o melhor caminho. Tanto o corpo quanto o espírito possuem necessidades particulares, que precisam e devem ser atendidas, pois elas se complementam. Buscar esse equilíbrio com calma, respeito e dignidade é nossa tarefa planetária, objetivando crescimento e evolução. É, sem dúvida alguma, tarefa individual, porque cada um será responsável pelas **escolhas** que fizer. Nada fazer é, também, uma **escolha**, lembremo-nos disso.

Um detalhe importante quanto ao espírito é o que se refere ao *pensamento*. É nele que está a chave da direção de tudo, porque, na realidade, tudo é fruto do que *pensamos*. Você, certamente já ouviu falar que *somos o que pensamos*. Pense em ser feliz e não deixe seus pensamentos tisnarem com ideias negativas. Do que cultivamos na mente, teremos *felicidade* ou *infelicidade*. Se pensarmos de forma positiva é o que projetaremos para o espírito e para o corpo. Diz Dale Carnegie: "Lembre-se que a felicidade não depende do que você é ou do que tem, mas exclusivamente do que você pensa". Seremos felizes e teremos saúde. Se por outro lado, cultivarmos ideias negativas, é o que se materializará na estrutura espiritual e física.

Você já deve ter lido, mas talvez não tenha refletido sobre a afirmação de que *a felicidade não é deste mundo*.[141] Vamos refletir juntos? É até compreensível entender na literalidade a frase, por conta de quem a transmitiu. O Cardeal Morlot, *François-Nicolas-Madeleine* – por via mediúnica – é autor da frase: *"A felicidade não é deste mundo"*, dizendo ser uma máxima do *Eclesiastes*, livro do Antigo Testamento (Ec 6). Literalmente não encontramos esta frase. Trata-se de uma conclusão do religioso, com base no texto em referência. Pesquise você. Muita gente pensa que a declaração expressa uma verdade universal. Ora, trata-se de um pensamento calcado na *unicidade* de existência, ou seja, na teologia da Igreja. "E, assim como aos homens está ordenado morrer uma só vez, vindo, depois disso o Juízo".[142] Para o espiritismo, que tem como ponto nevrálgico a *pluralidade de existências* (a reencarnação) é totalmente infundada a expressão. Já imaginou nascer na Terra para sofrer, sempre aguardando, num processo infinito, a volta à espiritualidade para ser feliz? Raciocine e extraia você mesmo as suas conclusões...

Se você é espírita, sabe que a felicidade é uma *construção contínua*, através de várias existências, educar para ser feliz, eis o caminho! Você deve conhecer pes-

---

141. KARDEC, Allan. O *Evangelho segundo o Espiritismo*, capítulo 5, item 20.
142. Hebreus, 9:27. Carta 'apenas' atribuída a Paulo.

soas que se concentram incessantemente no negativo, diante dos naturais óbices da vida. Você acha que quem age assim está *crescendo* ou *enfraquecendo* em espírito? Obviamente, são infelizes porque alimentam toda carga negativa contra si mesmo. Pensar no negativo e viver no negativo. Você já conhece o velho adágio, *quem planta colhe*, seja lá o que for. A mente aceita, sem discriminação, tudo o que você pensa! Ela funciona como uma usina, produzindo sempre. Assim, ao focar continuamente no negativo, você vai programar sua mente com as expectativas negativas e ela criará situações que reforçam a verdade do que você acredita sobre si mesmo e o mundo. Portanto, produza, em qualquer situação, pensamentos positivos!

Por outro lado, se você quer ser feliz, não acredite que a felicidade *cairá do céu*, gratuitamente. *Cair maná do céu* é tão somente uma lenda bíblica. Isto nunca aconteceu! Essa lenda só é válida para quem ainda está algemada à *fé que crê* (sem comprovação). A felicidade é fruto de construção pessoal, num processo contínuo de vida inteira, esteja você no corpo físico ou no plano espiritual. E não ocorrerá **só** no mundo espiritual, como se fixou no meio espírita, por conta do citado religioso, de que *a felicidade não é deste mundo*! É preciso *repensar* essa falsa interpretação de que é preciso sofrer aqui na Terra para que *um dia* seja feliz no céu. Esta é uma proposta de **existência única**, defendida pela teologia da Igreja, que não aceita a reencarnação. E tem mais, céu não tem localização geográfica. É estado de espírito! E o inferno também!

Disse no livro *O segredo das bem-aventuranças*:[143] "Para que as criaturas sejam *bem-aventuradas* (felizes) o processo irá ocorrendo gradualmente, à medida da vivência no bem, não necessitando 'aguardar', peremptoriamente, como pensa a grande maioria, o desenlace do corpo físico, com a morte, na espiritualidade. Dito de outra forma, a conquista destas bem-aventuranças é sempre pessoal e, para isto, cada um tem o seu momento de despertar, podendo ocorrer aqui mesmo na Terra, na proporção de sua aprendizagem. E não nos esqueçamos de que a felicidade é sempre relativa! A reencarnação é uma Lei Natural, mas ficar aguardando outra existência, para ser bem-aventurado, é adiar o crescimento do *hoje*, que é o momento mais importante. Aliás, o futuro é dependente do *hoje*". Daí insistirmos que não é preciso aguardar uma vida futura para sermos felizes. Pode ser agora mesmo, dentro da relatividade da maturidade espiritual. Tudo depende do crescimento espiritual de cada um. Por isso, julgamos de bom alvitre repensar a ideia de que *a felicidade não é deste mundo*, ou de que é preciso sofrer aqui na Terra, para, um dia, sermos bem-aventurados.

Então, vamos dar uma "virada" na vida. Tudo depende de você! Se você quer, você pode!

---

143. BOBERG, José Lázaro. *O segredo das bem-aventuranças*, p. 33.

23

VOCÊ CRIA O SEU DIA...

*Você e sua mente consciente são o jardineiro, e
sua mente subconsciente é o jardim...*

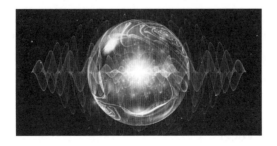

Decidimos, pela 'mente consciente', o que queremos e, também, o que não queremos. Assim, pela **vontade**, planejamos o *dia que iremos viver*. A título de comparação, você e sua mente consciente são o **jardineiro**, e sua mente subconsciente é o **jardim**. Diz um conhecido aforismo, *o plantio é livre, mas a colheita é obrigatória*. Isto quer

214 | José Lázaro Boberg

dizer: o que se planta na mente, é o que se colhe, sejam sugestões boas, sejam más. Afinal, somos soberanamente livres na intimidade do próprio espírito para escolher o que quisermos. Somos, pelo livre-arbítrio, Deus com jurisdição própria... A transformação ocorrerá conosco, tão somente quando deixarmos de buscar a vontade no exterior, fora de nós mesmos. "Deus não vive lá nas alturas, nas nuvens, no céu, esperando por você! Ele repousa dentro de cada experiência que você tem, e assim deve ser encontrado. Deus está no centro de cada ação, cada pensamento, cada sentimento e cada respiração".[144]

Neste desenho, toda vez que você pensa, mesmo que *involuntariamente*, está plantando uma semente em seu subconsciente, tal qual quando se *semeia* no solo terreno. E, em todo momento, durante o dia, sem que você se dê conta disso, está plantando, pelo pensamento, uma semente em sua terra mental, neste caso, a do seu jardim. Atente que você é livre para plantar o que quiser, e o solo, sempre fértil, não seleciona nada, **obedece** apenas ao seu comando, florescendo qualquer tipo de semente. O jardim **não** decide quais plantas irão crescer. **Quem escolhe é você!**

Assim entenda que você tem o poder de *semear* os pensamentos. Se você plantar espinhos, você não vai colher *morangos*. Esta é a regra. "Se você bombardear sua mente com todos os tipos de pensamentos negativos, você só irá colher frutos podres em sua vida. Este é um dos principais motivos de as pessoas ficarem doentes.

---

144. Ver o livro *Peça e receba – o Universo conspira a seu favor*, pp. 192-193. José Lázaro Boberg.

Elas apenas alimentam a fonte da vida, a mente subconsciente, com pensamentos negativos e destrutivos. Por outro lado, se você plantar pensamentos de paz, felicidade e prosperidade, você irá colher os melhores frutos que a vida tem para lhe dar". Nada de *deixar a vida me levar*, você precisa assumir o controle de seus pensamentos, se você quiser transformar a sua vida.[145] Para isso, vejamos algumas regras fundamentais para que aconteça frutos do bem em nossa vida:

PENSAR SEMPRE POSITIVAMENTE

O fundamental para se harmonizar com as Leis do Universo é treinar o pensar "positivamente", sempre. Não se trata de mera promessa de 'boca para fora', de entusiasmo do momento. Assim, quando a Bíblia escreve, *Porque da maneira como pensa em seu coração, assim será ele...* (Pv. 23), está dizendo que, aquilo que a mente cultiva será a expressão da vida, nem mais, nem menos. É uma *nova atitude* de vida, que transforma hábitos mentais sadios. Para a mente sintonizar com a Lei Universal é preciso persistência, nada de milagre! Se você deseja algo, persevere com convicção, para que isso (até então criado só na sua mente) se concretize.

AFASTE-SE DO QUE É NEGATIVO

Dê uma olhada no *site* de notícias e você irá encon-

---

145. O texto resume algumas ideias contidas no http://www.hostmeta.com.br/blog/assuma-o-controle-da-sua-vida/

trar uma infinidade de coisas ruins. São notícias e mais notícias que apenas semeiam o medo, a preocupação, a desconfiança, a raiva e tudo que há de pior. Talvez você não perceba porque isto já se tornou padrão em sua vida. O mesmo acontece com muitos programas de TV, com as várias coisas que as pessoas gostam de assistir por aí, e o que você costuma ver nas redes sociais. Pare e reflita sobre isso. Quanto lixo você tem colocado na sua cabeça! Não tem como você conquistar uma vida plena e positiva, alimentando a sua mente com tantas coisas destrutivas. E o mesmo vale para as pessoas que estão a sua volta. Faça o possível para não se envolver com pessoas negativas. Elas estão apenas colocando veneno em sua mente, bloqueando toda a energia positiva de sua vida. Você até pode tentar ajudá-las, mas a mudança é personalíssima, no tempo de cada um. Diante disto, perceba que, se você aceitar todo esse tipo de coisa, pode até perder a vontade de viver; aliás, isto tem se tornado comum, então, é muito importante que você elimine essas *sugestões negativas* de sua vida.

TROQUE URGENTEMENTE A SUGESTÃO NEGATIVA POR POSITIVA

O grande entrave é quando se é visitado por sugestões negativas, dando guarida a elas. Uma rede neural, uma vez acionada e alimentada, busca outras semelhantes que acabam se interligando com várias outras do mesmo padrão, jogando-nos no chão. A Lei do Universo materializa situações que condizem exatamente com os pensamentos, ou seja, ela manifesta precisamente o que é a projeção de nossa atitude mental. Em outras palavras, o *Universo pode conspirar a seu favor ou contra você*. A escolha é sua! Se a criação mental for de paz, amor, e harmonia, o Universo vai trazer exatamente isto de retorno para você. "Seu pensamento é uma ordem", diria Aladim, o gênio da lâmpada.

Nesta mesma linha de entendimento, as leis da mente, respondem: "estamos às ordens!" ... Elas apenas concretizam a voz do comandante (mente consciente). É importante insistir em que as Leis do Universo (chamadas pelo espiritismo de Leis de Deus e/ou Leis Morais) estão em estado potencial na consciência. Somos o microcosmo do macrocosmo. Toda vez que se planta a semente do desânimo, a mente atenderá o seu pedido. Já dissemos que o solo do jardim não **refuta** nada, apenas **atende** o seu pedido.

Então, se eu pensar: "Isto não dará certo", "eu não conseguirei", "eu não tenho criatividade", entre outros, a ordem foi dada. A mente subconsciente responderá conforme a semeadura. Pensamentos doentios só podem atrair outros pensamentos doentios, acarretando 'estragos', pela persistência, na estrutura celular do corpo. "Se você pensa negativamente, de forma destrutiva e viciosa, esses pensamentos geram emoções destrutivas que devem ser expressas e encontrar um escoadouro. Essas emoções, sendo de natureza negativa, expressam-se frequentemente sob a forma de úlceras, distúrbio de coração, tensão e ansiedades".[146] Fique esperto! Tudo que se im-

---

146. MURPHY, Joseph. *O poder do subconsciente*, p. 52.

prime na mente subconsciente será expresso depois! *Caia fora* o quanto antes dessa maneira de pensar, trocando-a por sugestões positivas. Não se intoxique com a poluição mental do *negativismo*, mudando o padrão de pensamento para: "Isto vai dar certo", "eu vou conseguir", "eu tenho criatividade". Utilize esta técnica sempre que um pensamento negativo surgir, em qualquer situação. **Reverta isso, imediatamente**. Lembremo-nos: "O subconsciente é seu jardim em que produz o que você pensa!"

USE AFIRMAÇÕES

O subconsciente *não sabe* o que é *verdade* e o que é *mentira*. Ele apenas absorve o que você coloca na cabeça e gera os frutos de acordo com a semente que você plantou. Por exemplo, em vez de focar na sua doença ou na sua dor, afirme para você mesmo, que está se sentindo bem, saudável e curado. Você poderia ficar repetindo uma frase como: "Eu acredito no poder curador do subconsciente", "Eu me sinto cada vez melhor", "O meu corpo está cheio de saúde e eu me sinto curado". Coloque o máximo de boas energias nisso, e as emoções potencializam a ação. Faça isso todo o dia. Repita afirmações várias vezes. E é muito importante que você afirme *como se já estivesse conquistado o objetivo*. Você pode usar esta técnica para qualquer ponto de sua vida que precise ser transformado. Não duvide, experimente! O grande segredo é usar as afirmações em um estado **sonolento**, pois, é neste momento que sua mente consciente, crítica e julgadora está menos ativa, e assim fica mais fácil penetrar na barreira mental, acessar a mente subconsciente e semear os pensamentos construtivos. Por esse motivo, os melhores horários para aplicar a técnica são antes de você **dormir** e quando você **acordar**. Faça isso e colha os resultados.

USE VISUALIZAÇÕES

Imaginação (ação de *imaginar*) é a capacidade de criar uma ideia ou representações em nossa mente. É uma ferramenta importante para produzir o que realmente se deseja: amor, realização pessoal, prazer, relacionamentos satisfatórios, empregos, saúde, beleza, prosperidade, paz de espírito ou outros desejos que almejamos. Entendamos, pois, que a visualização (independe de crença religiosa) é mecanismo que possibilita a toda criatura acesso aos desejos, depositando-os na mente e acreditando que o Universo responderá da forma como pensamos. Aliás, pelas conclusões da física quântica, requer-se um pouco mais: **imaginar** que o fato desejado, **já está concretizado**. "A fidelidade é essencial". Assim como a certeza intelectual de que o que se quer se realizará. Não pode haver hesitação, nem dúvida, nem no intelecto (confiar) nem no coração (fidelidade da união com o Eu Real). Não pode ficar pensando se poderá conseguir ou não, calculando as possibilidades e probabilidades, e agir com uma ponta de desconfiança intelectual.

É nesta linha de pensamento que Tiago (1:6) afirma: **"Peça-a com fé, sem qualquer sombra de dúvida, pois quem crê com reservas é semelhante à onda do mar, agitada e levada pelos ventos"**. Aqui o sentido de 'pedir' sinonimiza-se com o ato de 'plantar' na mente subconsciente, sem dúvida, sem qualquer hesitação. Veja o caso da prece, por exemplo, não conhece limites: **Tudo quanto pedirdes...** Todavia, é necessário ter uma certeza absoluta, como "se já tivéssemos recebido o que pedimos: temos que considerar o *fato consumado*; agir com a convicção plena de já ter o que queremos".[147] Às vezes, a mente subconsciente responde rapidamente, em apenas alguns dias; outras vezes o processo pode ser mais demorado e levar algum tempo. O mais importante é que você seja persistente e continue repetindo o processo dia após dia. Mas, fique atento! Cada ser tem o seu próprio tempo...

Diante de tudo isso, é bom que você esteja lúcido de que quem *decide* é sempre você, ou seja, é sua *vontade* que prevalece. Essa é a diferença entre *Seja feita a sua vontade* e *Seja feita a vontade de Deus*. Diante dos convites da vida, você é autor de seu destino, escolhendo o que lhe aprouver! Quando o 'despertador' toca, você é quem *decide* se vai continuar dormindo ou assume a responsabilidade com seu trabalho e se levanta incontinenti. Qual a roupa vou vestir? O que vou tomar no café da manhã? Vai ser em casa ou na rua? Cumprimentar as pessoas com quem se contata em casa, na rua ou no trabalho, ou ficar calado? Pela decisão tomada, quanto ao dia que deseja viver, programando intenções ou não, deixando 'rolar', obviamente, vão afetar o que você faz ou experimenta.

Assim, "num contexto mais amplo, a trajetória com-

---

147. Consultar o livro *Peça e receba – o Universo conspira a seu favor*, cap. 4. José Lázaro Boberg.

pleta de nossas vidas é gerada por nossas escolhas. Você quer casar? Quer ter filhos? Ir para uma universidade? Estudar o quê? Seguir qual carreira? Que proposta de emprego aceitar? Sua vida não se limita a 'acontecer'; ela está baseada nas 'escolhas' que você faz – ou deixa de fazer – a cada dia".[148] Em outras palavras, *seja feita a sua vontade*!

Destacando-se aqui a importância do livre-arbítrio, lembremo-nos do aforismo apostólico atribuído a Paulo: *Tudo me é permitido, mas nem tudo me convém* (1 Cor 6:12). Mostra-nos esse pensamento que a semeadura é livre, mas a colheita obrigatória. A maturidade espiritual está diretamente ligada às escolhas de cada um, pois, a evolução direciona os caminhos a percorrer, mostrando que, conforme evoluímos, nossos gostos, buscas e focos de atenção vão se modificando.

A título de complemento, trazemos à colação a crônica do genial Charles Chaplin, referindo-se à construção do dia.

TUDO DEPENDE DE MIM

Hoje levantei cedo pensando no que tenho a fazer antes que o relógio marque meia-noite.

É minha função escolher que tipo de dia vou ter hoje.

Posso reclamar porque está chovendo... Ou agradecer às águas por lavarem a poluição.

Posso ficar triste por não ter dinheiro... Ou me sentir encorajado para administrar minhas finanças, evitando o desperdício.

---

148. ARNTZ, Willian. *Quem somos nós?* pp. 108/109.

Posso reclamar sobre minha saúde... Ou dar graças por estar vivo.

Posso me queixar dos meus pais por não terem me dado tudo o que eu queria... Ou posso ser grato por ter nascido.

Posso reclamar por ter que ir trabalhar... Ou agradecer por ter trabalho.

Posso sentir tédio com as tarefas da casa... Ou agradecer a Deus por ter um teto para morar.

Posso lamentar decepções com amigos... Ou me entusiasmar com a possibilidade de fazer novas amizades.

Se as coisas não saíram como planejei, posso ficar feliz por ter hoje para recomeçar. O dia está na minha frente esperando para ser o que eu quiser.

E aqui estou eu, o escultor que pode dar forma. "Tudo depende só de mim".

Fica aqui, então, a *sugestão*, para que você crie o seu dia: Quando abrir os olhos pela manhã, diga a si mesmo o que você quer para o seu dia. Que vai escolher a felicidade. Que vai escolher o sucesso. Que vai escolher a ação correta. Que vai escolher o amor e a boa vontade para com todos. Que vai escolher a paz. Ponha vida, amor e interesse nessa afirmação e terá realmente escolhido a felicidade.

24

NA TERRA E NO MUNDO ESPIRITUAL

... Então, aquilo que vale quando encarnado, continua valendo quando desencarnado, pois quem tem existência real é o espírito e não o corpo físico.

MORRER NÃO É término de jornada, mas a continuidade da evolução do espírito a caminho de sua perfeição. Deixa-se a veste física e continua-se a existir em dimensões diferentes. Afinal, não somos 'corpo', mas 'espírito'. Neste mesmo raciocínio, afirma Paulo, **Semeia-se corpo natural, ressuscitará corpo espiritual** (1 Co 15:44). Isto não é novidade alguma. A grande maioria das filosofias religiosas assenta-se neste entendimento, embora, doutrinariamente, com interpretações diferentes. Para algumas doutrinas cristãs, após a morte, o espírito passa por um julgamento, quando será decidida a sua sorte: o céu ou inferno. Ambas as teorias são 'fantasias' teológicas! É o que a maioria das religiões abraâmicas (judaísmo, cristianismo e islamismos) pensa. É o julgamento *teísta*, em que Deus comanda tudo, de algum lugar do paraíso, expressando a sua *vontade*, à qual o homem deve eternamente se curvar, em total dependência. A filosofia espírita, no entanto, interpreta de forma divergente, já que, pela lei da reencarnação, o espírito não será julgado por um Deus antropomórfico. O julgamento será a própria consciência, no tempo de cada um, com fulcro na maturidade espiritual. O que predomina, portanto, não é a *vontade* de Deus, mas *a vontade do próprio espírito*.

O espírito continua seu processo evolutivo, comandando tudo pela *vontade*, na cabine da consciência – onde reina livre e soberana – **decide** por conta da prerrogativa do livre-arbítrio, as escolhas que melhor lhe aprouverem. Agora, porém, no mundo espiritual, está ele (o espírito) sem as vestes carnais, revestido de outro corpo, a que Kardec lhe deu o nome de *perispírito*, que é a sua vestimenta normal. Quando algumas pessoas dizem ver espírito, na realidade, o que se vê, é o perispírito. O espírito mesmo não é perceptível ao olho humano.

Atente-se que a *vontade* do espírito continua ainda mais livre em relação ao vínculo que o prendia ao corpo que, até então, atuava na experiência física. Muita gente pensa que, com a morte física, o espírito passa a ser detentor de toda sabedoria do mundo espiritual. Ledo engano! Ninguém se transforma em espírito perfeito, tão só porque esteja no mundo espiritual. Toda a conquista tem por base o mérito pessoal nas experiências adquiridas durante o estágio da vida terrena. De outra forma, o espírito continua a ser 'ele mesmo', com toda bagagem conquistada.

Para fins didáticos, façamos uma analogia entre esta passagem para o mundo espiritual, e o 'acordar' do corpo, diariamente. Comparemos o ato de 'acordar', como se fosse o do 'despertar do espírito', após a desencarnação. Quando acordamos pela manhã, não mudamos de personalidade nem perdemos o que aprendemos, até então. Somos nós mesmos, com os problemas e propósitos, os defeitos e virtudes, a ignorância e a sabedoria, o equilíbrio e as desarmonias emocionais, entre outros.

Neste mesmo entendimento, igualmente, ao acordar no mundo espiritual, com a separação do corpo físico, continuamos da mesma forma como se acordássemos no corpo físico, nem mais nem menos! Nada de milagres ou falsas aprendizagens nunca conquistadas. Diz o aforismo: "O que **se leva da vida** é a **vida que se leva!**" Somos espíritos, cada qual com a sua individualidade, respondendo por si mesmo, pelas leis da consciência, que são as Leis Naturais e que o espiritismo chama de Leis de Deus e/ou Leis Morais. É comum usar a expressão 'meu espírito', quando, na realidade, o certo é o 'meu corpo', pois eu sou um espírito que tem, temporariamente, um corpo.

Segundo nos informa a literatura mediúnica, principalmente, através de André Luiz, na coleção *A vida após a morte*, a adaptação do espírito à nova instância espiritual tem caráter totalmente pessoal, sem privilégios.

226 | José Lázaro Boberg

Uns, por vontade própria, procuram a melhoria íntima, e logo adquirem créditos para exercer o trabalho na vida espiritual. Outros, ainda, pela inferioridade em que se encontram, aproximam-se de sua "turma" de sintonia vibracional inferior. De outra forma, os espíritos viciosos na Terra procurarão, por afinidade, aqueles que lhes correspondam aos interesses.

Quanto ao mérito para o trabalho na vida espiritual, não é porque exercemos certa profissão na Terra, que estamos habilitados para o seu exercício no mundo espiritual. Veja o caso específico de André Luiz que, assim chegou à Colônia *Nosso Lar*, achou que já poderia exercer a medicina... "Qualquer enfermeiro, dos mais simples, em Nosso Lar, tinha conhecimentos e possibilidades muito superiores à minha ciência", afirma André. Inexequível, portanto, qualquer tentativa de trabalho espontâneo, por constituir, a meu ver, invasão de seara alheia. Não pode ainda ser médico em Nosso Lar, mas poderá assumir o cargo de aprendiz, oportunamente. Foi orientado, assim, a começar nas ações humildes de enfermeiro para, posteriormente, adquirir méritos para o exercício da profissão. Assim é que, só após estágios em atividades mais simples, na condição de atendente, é que, finalmente, conseguiu trabalho.

O trabalho, enfim! É assim que,

> André se sentia feliz por estar em plena atividade no atendimento aos irmãos sofredores, naquela Instituição. O trabalho era exaustivo, sentia-se cansado pelos intensos esforços despendidos, mas o coração entoava hinos de alegria

*interior. Recebera a ventura do trabalho, afinal. E o espírito de serviço fornece tônicos de misterioso vigor. Esquecendo- -se, porém, de avisar à senhora Laura, sua benfeitora, que o seu trabalho, naquele dia, se estenderia para o serviço noturno, despertara nela a preocupação para com o tutelado. Assim, utilizando-se ela de aparelho próprio de comunicação na Colônia, solicitou notícias suas. Depois de rápido relatório verbal sobre a necessidade de seu plantão noturno, a mãe de Lísias, exultando com a dedicação de André, e, compartilhando do seu contentamento, disse a ele, bondosamente: **Muito bem, meu filho! Apaixone-se pelo seu trabalho, embriague-se de serviço útil.** Somente assim, atenderemos à nossa edificação eterna.[149]*

Na condição de médico que foi na Terra, trabalhara em serviços subalternos até que adquirisse *créditos* e *adaptações* espirituais, para exercer sua profissão terrena, nos hospitais do espaço. Nessa linha, todos nós no mundo espiritual, teremos um período de estudos e adaptação, para aquisição de crédito para o trabalho.

Então, atente para a ação do espírito no mundo espiritual, ele pode receber conselhos, orientações, indicações, todavia, nada acontecerá sem a maturidade do espírito, com o uso de sua própria vontade. Nesta ótica, o espírito continua sendo ele mesmo, exercendo, pela prerrogativa do livre-arbítrio, suas escolhas, podendo errar ou acertar. Entenda, pois, que a mecânica universal para o espírito continua sendo a mesma, estando no corpo físico, ou fora dele. Então, aquilo que vale quando encarnado, continua valendo quando desencarnado, pois quem tem

---

149. Ver o livro *Aprendendo com Nosso Lar*, Lição 19. José Lázaro Boberg.

existência real é o espírito e não o corpo físico. Neste sentido, não entregue a *vontade de Deus* – que no fundo é uma *verdade teológica* – mas a sua vontade!

Da mesma forma, pelo pensamento, você continua na espiritualidade, de igual sorte, tal como quando encarnado, 'criando' sua vida. Nada de ideias fantasiosas! Afirma Kardec que "Os espíritos agem sobre os fluidos espirituais [...] com a ajuda do pensamento e da *vontade*. O pensamento e a vontade são para o espírito o que a mão é para o homem. Pelo pensamento, eles imprimem a estes fluidos, tal ou tal direção; aglomeram-nos, combinam ou dispersam; formam conjuntos tendo uma aparência, uma forma, uma cor determinadas; mudam-lhes as propriedades como um químico muda a dos gases ou outros corpos, combinando-os segundo certas leis. É a grande oficina ou laboratório da vida espiritual".[150]

Disse, no texto anterior que "decidimos pela **mente consciente** o que queremos e, também, o que não queremos. Assim, pela **vontade**, planejamos o dia que iremos viver. A título de comparação, conforme já reportado no texto anterior, você e sua mente consciente são o **jardineiro,** e sua mente subconsciente é o **jardim**". No mundo espiritual também ocorre dessa forma; a mente consciente planta a semente do que quer que se materialize. É assim o produto de uma intenção (vontade), da força do querer; pode ainda ser produto de um pensamento inconsciente; basta ao espírito pensar em uma coisa para que esta coisa se produza. Pensou gravou. O

---

150. KARDEC, Allan. *Revista Espírita*, junho, 1868 – Fotografia do Pensamento.

grande problema é que uma vez gravado, elas não se apagam mais. Quanto mais forte for a força emocional no ato, mais forte ocorre a gravação.

É o que esclareço no livro, *Seja você mesmo*:[151] O fenômeno RAM é apenas uma sigla, das três primeiras letras do **R**egistro **A**utomático da **M**emória. Para esclarecermos esse fenômeno, apoiemo-nos na comparação entre "memória do computador" e a "memória humana". Nos computadores, o registro é dependente da vontade. Você 'grava' e 'desgrava' determinado assunto, quando o desejar, sendo, portanto, um ato 'voluntário'. Já na memória humana, a coisa não funciona assim: o registro dos pensamentos e emoções é 'involuntário', realizado por esse fenômeno **RAM** (**R**egistro **A**utomático da **M**emória). Isto é extensivo ao espírito, sem o corpo físico, no mundo espiritual. Esclarece-nos o repórter da espiritualidade, André Luiz, que, quando acordamos, já fora do corpo físico, contemplamos o passado, dentro do campo interior, como se "revíssemos um filme", com todos os detalhes, da existência que está se encerrando. Trata-se de uma revelação importante para nossas reflexões: tudo o que fizemos – seja bom, seja ruim – fica gravado na memória do espírito, independentemente da vontade.

---

151. BOBERG, José Lázaro. *Seja você mesmo*, pp. 160/161.

25

TORMENTOS DA CONSCIÊNCIA

> *Ninguém pode voltar atrás e fazer um novo começo. Mas qualquer um pode recomeçar agora e fazer um novo fim.*
> **Chico Xavier**

Quando se desvia **da conduta moral**, para a Igreja comete-se 'pecado' e, por conta disso, está-se sujeito às sanções divinas. Atente-se que essas leis são somente 'atribuídas' a Deus, pois, na realidade, são elaborações da teologia na construção de sua doutrina. Aliás, o mesmo ocorre com todas as doutrinas religiosas, cada qual pontua as ações que consideram 'pecados' contra Deus e o devoto deve se submeter a elas, sob pena de exclusão do grupo. Na realidade, são regras doutrinárias, 'vendidas' aos crentes, como 'divinas'.

Lembro-me de um colega da Faculdade de Direito

232 | José Lázaro Boberg

que pertencia a uma das igrejas evangélicas e, por não concordar com certas regras "divinas" de sua organização religiosa, resolveu comprar uma televisão (um luxo, na época), coisa que era proibida aos membros (parece-me que é até hoje), pois era coisa do demônio; passou a assistir às ocultas em casa. Algum membro 'delatou'. Não deu outra: foi expulso da organização religiosa, por ser considerado "galho seco". (Entende-se do membro que não mais produz frutos!).

Para o espiritismo, no entanto, não existe 'pecado', mas tão só, consequências; nunca 'castigo' de um Deus externo (Deus antropomórfico). A 'punição' não é uma *sentença* de um Deus externo, mas o *efeito* de uma *ação* contrária à Lei Natural. Expliquemos melhor: as consequências fluem da própria consciência, no tempo de maturidade espiritual de cada um. Na verdade não existe um *Tribunal Celeste*, em algum lugar do paraíso, mas um tribunal da própria *consciência*. "A transformação da divindade em tribunal celeste é invenção das religiões. Elas se esmeram em apresentar uma imagem da divindade como reativa, punitiva, sujeita a humores".[152] Pretende-se com a pedagogia do medo impor limite às manifestações humanas em suas ações desregradas.

Neste entendimento, o espírito é, ao mesmo tempo, advogado, promotor e juiz nesse *Tribunal da Consciência*. E o importante disso tudo, é que julgamento é 'atemporal' – sem tempo determinado – *dependente* tão só da maturidade espiritual da criatura. O erro só será

---

152. REGIS, Jaci – *Novo pensar: Deus, homem e mundo*, p. 110.

detectado no tempo de entendimento, quando começa a 'correr' o prazo para o infrator, individualmente, para reequilibrar-se com a Lei ou continuar com *tormentos* da consciência. Ensinam os Auxiliares do codificador que "A lei natural é a Lei de Deus. É a única verdadeira para a felicidade do homem. Indica-lhe o que deve fazer ou deixar de fazer e ele só é infeliz quando dela se afasta".[153]

Etimologicamente, a palavra 'pecado', do latim *pecus*, quer dizer 'errar' o alvo. Toda vez que o arqueiro errava o alvo, dizia-se que tinha cometido *pecado*. Nesta ótica, todos nós, em maior ou menor escala, cometemos 'pecado', ao longo de toda existência. Ninguém está imune de *pecar* (no sentido de errar), pois o livre-arbítrio é jurisdição individual que concede, pela mecânica das Leis do Universo, esse livre direito de *escolha*. Então, aprendemos com os erros. Eles se manifestam na consciência por *tormentos*, expressando-se de diversas formas: aflição, agonia, angústia, tribulação, infortúnio, desgraça... Quando não se cuida desses tormentos, não dá outra, eles vão se somatizar.

Afirma Emmanuel que "Nossas emoções doentias mais profundas, quaisquer que sejam, geram estados enfermiços".[154] Não se trata, pois, de 'castigo' de Deus porque você escolheu errado. Errar é lícito... É a sua própria consciência que comanda o equilíbrio. No dizer de Chico Xavier, "A doença é uma espécie de *escoadouro* de nossas imperfeições; inconscientemente, o espírito quer jogar para fora o que lhe seja estranho ao próprio psi-

---

153. KARDEC, Allan. *O Livro dos Espíritos*, questão, 614.
154. XAVIER, Francisco Cândido. Emmanuel *Pensamento e vida*. Lição 15.

quismo" ... "Na realidade, toda doença no corpo é processo de cura para a alma..."[155]

Ratificando: as escolhas certas ou erradas fazem parte do livre-arbítrio. Toda vez que, no estágio em que nos encontramos, fazemos escolhas erradas, somos alertados pelas Leis da consciência. Não devemos, pois, nos *autopunir* por errar o alvo; muito menos seremos punidos por um ser chamado de Deus. Os conceitos de *certo* e *errado* se baseiam em um conjunto de regras, derivadas de ensinamentos, valores culturais e conveniência política. Todas vêm do exterior, de nossas convicções culturais. *A evolução vem de dentro*. Ver as decisões sob a ótica da evolução estabelece o pressuposto básico de que, na essência cada pessoa é basicamente divina. Daí o conceito atual de que "Vós sois deuses". O erro não acarreta castigo, pois ele é fruto do livre-arbítrio. O 'erro', no momento do entendimento, nos conduz à busca do 'acerto', por refazermos a conduta. A dor da consciência oportuniza-nos, no momento do entendimento do erro, mudança para adequar-nos às Leis Naturais.

Nessa linha de compreensão, enquanto não corrigimos condutas desconfortáveis, somos torturados pelo *remorso* da consciência. Estamos desalinhados com a sintonia do *Christós* (encarnação do Deus em nós). Eis o momento da revisão de condutas. As escolhas infelizes conduzem-nos a *repensar* novos caminhos e voltar ao alinhamento vibracional com a Lei. Não porque Deus está nos punindo, mas por mecanismos próprios, ínsitos no

---

155. http://www.cadernodemensagens.net/frases/textos-de-chico-xavier/ BACCELLI, Carlos A. *O evangelho de Chico Xavier*.

processo do livre-arbítrio. Pela lei de *ação e reação*, o espírito se autorregula, equilibrando-se, sempre, cada qual, no seu tempo. E aqui se aclara a função da lei de causa e efeito: *não existe efeito sem causa*! Todo o plantio é livre, mas a colheita é obrigatória.

No livro *O segredo das bem-aventuranças*, trouxe à reflexão a promessa que afirma: *Bem-aventurados os aflitos, porque serão consolados*.

O verbo (serão) está expresso no 'futuro', passando ao crente a ideia de que, manterem-se 'submissos', mesmo nos sofrimentos, receberão a premiação de Deus, 'um dia', após a morte, com o consolo. Ora, as consequências das ações para que as criaturas sejam *bem-aventuradas* ocorrerão, gradualmente, à medida que se corrigem das escolhas infelizes, não necessitando, aguardar – como pensa a grande maioria – a morte para ser feliz. Dito de outra forma, a conquista destas bem-aventuranças é sempre pessoal e, para isto, cada um tem o seu momento de despertar, podendo ocorrer aqui mesmo na Terra, na proporção de sua aprendizagem.

A Justiça Divina desconhece o conceito estabelecido pelos homens: *de que as faltas cometidas na Terra, só serão apuradas, um dia, no plano espiritual, após a desencarnação*. "Não é preciso atravessar a sombra do túmulo para encontrar a justiça face a face. Nos princípios de causa e efeito, achamo-nos incessantemente sob a orientação dela, em todos os instantes de nossa vida".[156] O que importa é que ela funciona! ... O objetivo da Justiça Divina

---

156. XAVIER, Francisco Cândido. Emmanuel. *Fonte viva*, lição 160.

é pedagógico – sem qualquer relação prêmio-castigo – em que as ações *equivocadas* são sempre recursos educativos.[157]

No livro, *Filhos de Deus – o amor incondicional*, abordo a história contada, apenas pelo escritor de O Evangelho de Lucas – sobre o Filho Pródigo – mostrando o sentido psicológico do filho que 'saiu de casa' e o filho que 'ficou em casa'. Esta história simboliza o processo de aprendizagem do espírito, em sua caminhada evolutiva. Os erros cometidos por ambos são mecanismos de correção. Embora os intérpretes dessa história façam alusão ao amor de Deus, o castigo, o perdão de Deus, na realidade, tudo ocorre no próprio espírito, no foro da própria consciência. As peripécias de ambos e as correções não são para fazer a *vontade de Deus*, mas a vontade, livre e soberana do próprio *ser em evolução*.

A vida é **una**, embora as existências sejam **múltiplas**. É algo progressivo, pois, a cada obstáculo enfrentado, o espírito aprende e cresce; desvenda os erros cometidos e a consciência vai acusando, paulatinamente, os equívocos. Sofre as consequências, ganha experiência e desperta! Assim sendo, a felicidade é proporcional ao grau de entendimento, não será preciso aguardar o futuro, num "céu", pois ela é conquista de *agora* mesmo! Por isto, nada é mais importante que viver o momento presente, intensamente. O futuro ainda não existe, ele é construção do presente. Não se trata de mera discussão filosófica a questão da necessidade de viver o momento;

---

157. Ver nosso livro *O código penal dos espíritos*, Introdução.

Seja feita a sua vontade – A força do querer | 237

é questão de inteligência, por que transferir, para o futuro, ser bem-aventurado?

Entendamos, pois, que *consolar* é importante, mas é fase provisória. Precisa-se, sim, aprender! Só consolar sem o aprendizado é o mesmo que dar água para quem tem sede e não se ensinar como encontrar água. O consolo é algo na base de uma espécie de 'aceitação', de 'alívio', diante da escolha infeliz. Quando, então, surgem *tormentos*, estes funcionam como o 'tilintar' de uma campainha, acordando-nos para a busca das *causas* do desajuste emocional. Todos serão 'acordados', no devido tempo, pela dor da consciência, quando o tormento (aflição) bate à porta. No momento em que se dá o *insight* sobre a *causa do tormento*, tal como ocorreu na história do Filho Pródigo, de Lucas, este não se revolta, mas aceita com alegria, dizendo: "Vou voltar para o meu Pai". Ele aprendeu com seus próprios erros. É uma técnica que faz parte do processo educativo, inerente a todos os espíritos, desde o despertar na condição de *simples e ignorantes*, até a condição máxima de perfeição no respectivo estágio evolutivo.

APÊNDICE 1

Deus – segundo Baruch Spinoza

Para de ficar rezando e batendo no peito! O que eu quero que faças é que saias pelo mundo e desfrutes de tua vida. Eu quero que gozes, cantes, te divirtas e que desfrutes de tudo o que eu fiz para ti.

Para de ir a esses templos lúgubres, obscuros e frios que tu mesmo construíste e que acreditas ser a minha casa. Minha casa está nas montanhas, nos bosques, nos rios, nos lagos, nas praias. Aí, é onde eu vivo e aí, expresso meu amor por ti.

Para de me culpar por tua vida miserável: eu nunca te disse que há algo mau em ti ou que eras um pecador, ou que tua sexualidade fosse algo mau. O sexo é um presente que eu te dei e com o qual podes expressar teu amor, teu êxtase, tua alegria. Assim, não me culpes por tudo o que te fizeram crer.

Para de ficar lendo supostas escrituras sagradas que nada têm a ver comigo. Se não podes me ler num amanhecer, numa paisagem, no olhar de teus amigos, nos olhos de teu filhinho..., não me encontrarás em nenhum livro!

Confia em mim e deixa de me pedir. Tu vais me dizer como fazer meu trabalho? Para de ter tanto medo de mim. Eu não te julgo, nem te critico, nem me irrito, nem te incomodo, nem te castigo. Eu sou puro amor. Para de me pedir perdão. Não há nada a perdoar.

Se eu te fiz, eu te enchi de paixões, de limitações, de prazeres, de sentimentos, de necessidades, de incoerências, de livre-arbítrio. Como posso te culpar se respondes a algo que eu pus em ti? Como posso te castigar por seres como és, se eu sou quem te fez?

Crês que eu poderia criar um lugar para queimar todos os meus filhos que não se comportem bem, pelo resto da eternidade? Que tipo de Deus pode fazer isso?

Esquece qualquer tipo de mandamento, qualquer tipo de lei; essas são artimanhas para te manipular, para te controlar, que só geram culpa em ti.

Respeita teu próximo e não faças o que não queiras para ti. A única coisa que te peço é que prestes atenção a tua vida, que teu estado de alerta seja teu guia.

Esta vida não é uma prova, nem um degrau, nem um passo no caminho, nem um ensaio, nem um prelúdio para o paraíso. Esta vida é a única coisa que há aqui e agora, e a única de que precisas.

Eu te fiz absolutamente livre. **Não há prêmios nem**

castigos. Não há pecados nem virtudes. Ninguém leva um placar. Ninguém leva um registro. Tu és absolutamente livre para fazer da tua vida um céu ou um inferno.

Não te poderia dizer se há algo depois desta vida, mas posso te dar um conselho. Vive como se não o houvesse, como se esta fosse tua única oportunidade de aproveitar, de amar, de existir. Assim, se não há nada, terás aproveitado a oportunidade que te dei.

E se houver, tem certeza de que eu não vou te perguntar se foste comportado ou não. Eu vou te perguntar se tu gostaste, se te divertiste... Do que mais gostaste? ... O que aprendeste? ...

Para de crer em mim – crer é supor, adivinhar, imaginar. Eu não quero que acredites em mim. Quero que me sintas em ti. Quero que me sintas em ti quando beijas tua amada, quando agasalhas tua filhinha, quando acaricias teu cachorro, quando tomas banho no mar.

Para de louvar-me! Que tipo de Deusególatra tu acreditas que eu seja? Me aborrece que me louvem. Me cansa que agradeçam. Tu te sentes grato? Demonstra-o cuidando de ti, de tua saúde, de tuas relações, do mundo. Te sentes especial, apreciado? ... Expressa tua alegria! Esse é o jeito de me louvar.

Para de complicar as coisas e de repetir como papagaio o que te ensinaram sobre mim. A única certeza é que tu estás aqui, que estás vivo, e que este mundo está cheio de maravilhas.

Para que precisas de mais milagres? Para que tantas explicações? Não me procures fora! Não me acharás. Procura-me dentro... Aí é que estou, batendo dentro de ti.

As sábias palavras são de Baruch Spinoza – nascido

em 1632 em Amsterdã, falecido em Haia em 21 de fevereiro de 1677, foi um dos grandes racionalistas do século XVII dentro da chamada Filosofia Moderna, juntamente com René Descartes e Gottfried Leibniz. Era de família judaica portuguesa e é considerado o fundador do criticismo bíblico moderno. Acredite, essas palavras foram ditas em pleno século XVII. Continuam verdadeiras e atuais até hoje...

APÊNDICE 2

QUEM DÁ RESPOSTA ÀS NOSSAS ORAÇÕES?

José Lázaro Boberg

> *A resposta de Deus pode tardar um pouco, mas jamais deixará de ser dada; esse tempo de espera serve para provar a fé, a perseverança e a confiança. É um teste de paciência e a oportunidade de desenvolver a força interior, a alegria e a coragem.*
> **Bezerra de Menezes**

"Que é Deus?" É com esta pergunta aos seus auxiliares espirituais que Kardec inicia *O Livro dos Espíritos*.[158] Subentende-se que ele não está interessado em 'determinar' Deus, pois, neste caso, a pergunta seria "Quem é Deus?". Seu objetivo é tão somente conceituar o *que se*

---

158. Questão n.º 1: Que é Deus? "Deus é a inteligência suprema, causa primeira de todas as coisas".

entende por Deus. Que é Deus para você? Obviamente, cada um dará resposta diferente, embora a grande maioria, por força do *inconsciente coletivo*, dirá que Ele é nosso Pai e reside em algum lugar do paraíso, comandando tudo. Daí a expressão *teísta*, manifestada pelo crente que, diante de qualquer dificuldade, "Deus está no comando", entrega em suas "*mãos*" a solução dos problemas. É apenas uma expressão de *autoajuda*, pois, na realidade, quem dá solução aos problemas é a própria pessoa, colocando em ação a sua vontade.

Para Kardec e seus auxiliares espirituais, "Deus é uma inteligência suprema e causa primeira de todas as coisas". Veja que tanto a pergunta quanto a resposta não têm conotação *antropomórfica*. Atente-se, ainda, que as religiões abraâmicas (*judaísmo, cristianismo e islamismo*) de origem comum em Abraão, são *monoteístas* e cultuam um Deus *antropomórfico*. Já está formatado no imaginário humano que existe um "Deus lá em cima, e nós, cá embaixo, na Terra". Este é o padrão. É difícil, pois, modificar isso, uma vez que esteja estereotipado na mente. Pessoalmente, só após um longo processo de amadurecimento, que incluiu o cansaço diante dos exageros místicos e evangélicos que impregnam a comunidade espírita, é que cheguei ao *deísmo*, pois, por influência religiosa, imaginava também a ideia convencional de um *Deus pessoa*. Deus era, para mim, um ser à parte, fora do Universo. Inúmeros estudiosos, livres-pensadores, até então, presos às crenças religiosas também chegaram ao mesmo entendimento: Deus não é pessoa! No Universo, Deus é o **Uno** e nós o **verso**, isto é, somos a projeção de sua mente e sua potencialidade. Temos, pois, o DNA de Deus. No sentido inverso, nós projetamos Deus de acordo com nossas concepções, valores, enfim, com o grau evolutivo. Dessa forma, Deus é um processo construtivo, progressivo em nossas mentes.

Conforme já reportado alhures, o espiritismo por influência do Iluminismo nasceu na França, com Allan Kardec, projetado para ser *deísta* – o Deus cósmico – embora, no decorrer de sua elaboração, tenha caído na mesma 'armadilha' das religiões antropomórficas, misturando o *deísmo* com o *teísmo*. Perceba que a frase pronunciada por Bezerra de Menezes é totalmente calcada no *teísmo*, do Deus pessoa. Diante disto, por força do objetivo desta obra – *Seja feita a sua vontade* – daremos interpretação *deísta*, do *Deus cósmico*, não intercessor. Não queremos, com isso, desmerecer a mensagem de Bezerra de Menezes, "o médico dos pobres", que tanto fez pelo espiritismo; ratificamos que seu pronunciamento é de uma beleza singular. Daremos, no entanto, *outra* interpretação com base no *deísmo* em que "Vós sois deuses, **podereis fazer tudo que eu faço** e muito mais", que teria sido pronunciado por Jesus, repetindo o salmo 82, conforme João, 10:34. *Trata-se,* pois, de um 'deslocamento' do Deus exterior, para dentro de cada um. A frase de Bezerra de Menezes é válida, tanto para quem ainda crê num Deus pessoa, quanto para a interpretação que daremos com base no *Deus dentro de nós*. Repetindo Paracelso, já citado alhures, "*Quer o objeto da sua fé seja verdadeiro ou falso, os efeitos obtidos serão os mesmos*". Não é, portanto, o objeto, ou a religião, ou a imagem que produzem os resultados: é a fé que você tem de que esse objeto, ou essa religião, ou essa frase, ou essa oração, ou essa imagem, vão produzir o resultado esperado.

Analisemos, pois, a mensagem de Bezerra de Menezes, em destaque:

1. A RESPOSTA DE DEUS PODE TARDAR UM POUCO, MAS JAMAIS DEIXARÁ DE SER DADA.

A ideia de que Deus seja uma pessoa e que comanda tudo de algum lugar do paraíso, sempre pronto para atender às nossas preces, é, como já reportado no capítulo 1, deste livro, a tese defendida pelos *teístas*. Neste entendimento, Bezerra de Menezes perfilha este conceito de que há um Deus externo que jamais deixa de atender às suas criaturas. É imagem de um Deus amoroso. Afirma, ainda, que esse atendimento *pode até tardar, mas jamais deixará de atender*. Acho até que funciona como *autoajuda*, no entanto, o Deus externo é uma utopia criada pelo próprio homem. Gosto muito do entendimento do filósofo RHODEN, quando afirma que *"a concepção teológica de que Deus seja alguma entidade justaposta ao Universo, algo fora do cosmos, algum indivíduo, alguma pessoa, é certamente a mais primitiva e infantil de todas as ideologias humanas"*.[159]

Entendemos que cada ser humano é detentor do *Christós* (semente divina, ou essência de Deus), independentemente de sua condição espiritual. Assim, Jesus de Nazaré, tido

---

159. ROHDEN, Huberto. *Cosmoterapia*, p. 45.

pela teologia como Deus (2.ª pessoa da Trindade) é, igualmente, detentor dessa potência. Na verdade, quando fazemos os nossos pedidos a "Deus", a resposta ocorre sempre nos escaninhos da própria alma. É um processo psicológico que se dá na mente, e de acordo com o trabalho de cada um. Então, quando você ora a Deus (externo), mesmo sem o saber, está depositando o seu pedido em si mesmo, e este se processa psicologicamente. Você pode até "pensar" que foi Deus externo que lhe atendeu, quando, na realidade, foram os mecanismos divinos de que você é portador, que entraram em ação. Não nos esqueçamos de que "somos deuses em construção!"

Na afirmação de Bezerra de Menezes, "a resposta pode tardar um pouco, mas jamais deixará de ser dada". Aqui se imagina a figura de Deus que jamais abandona seus filhos, no tempo devido, entrará em ação, atendendo as nossas súplicas. No entanto, o tempo é o de cada um! É neste sentido que Emmanuel, quanto ao tempo de resposta, interpretando o aforismo, *Conhecereis a verdade e a verdade vos libertará*, atribuída a Jesus, expõe: "Note-se que o Mestre não designou lugar, não traçou condições, não estatuiu roteiros, nem especificou tempo. Prometeu simplesmente — conhecereis a verdade, e, para o acesso à verdade, cada um tem o seu dia".[160] Em outros termos, tudo aquilo que você planta na mente, seja a ideia positiva, seja a ideia negativa, a resposta virá no tempo de cada um. É conhecido o velho aforismo "o plantio é livre, mas a colheita é obrigatória", então, você alimenta

---

160. XAVIER, Francisco Cândido, pelo espírito Emmanuel. *Palavras de vida eterna*, lição 130.

a mente com o que depositou em suas preces, e isso é o que irá acontecer, mais dias ou menos dias. A resposta está em 'andamento', ou 'maturando', aguardando para se materializar no tempo devido, de conformidade com sua persistência. Obviamente, então, não é um Deus externo, que está aguardando o tempo para responder, mas é o seu próprio tempo de maturidade.

2. ESSE TEMPO DE ESPERA SERVE PARA PROVAR A FÉ, A PERSEVERANÇA E A CONFIANÇA.

De uma forma ou de outra, não resta qualquer dúvida de que o tempo, como senhor da razão, servirá para amadurecer os nossos potenciais. Por consequência disso, o espírito Bezerra de Menezes manifesta que o tempo de 'espera' do atendimento de Deus tem objetivo de provar *a fé, a perseverança* e *a confiança*. Seria uma espécie de 'treinamento' para o desenvolvimento de nossos valores intrínsecos. Até aí, tudo bem. Tanto aceitando o 'Deus-pessoa, bem como o da Força Interna de cada um, o exercício é condição *sine qua non*[161] para a aprendizagem. Em todas as atividades para a materialização desses potenciais intrínsecos, não podemos descurar do trabalho. Entregar nas mãos de Deus, sem ação pessoal, é loucura. Para melhor compreensão, analisemos estes três conceitos:

---

161. *Sine qua non* ou *conditio sine qua non* é uma expressão que se originou do termo legal em latim que pode ser traduzido como "sem a/o qual não pode ser". Refere-se a uma ação cuja condição ou ingrediente é indispensável e essencial.

2.1 PROVAR A FÉ

Para Emmanuel, conforme já reportado, são duas formas de expressão da fé: a que **crê** e a que **sabe**. Na primeira, tem-se a firme 'convicção' de que algo seja verdade, sem nenhuma prova, pela absoluta confiança que depositamos neste algo ou alguém. Exemplo: a *ressurreição* do corpo, a *multiplicação de pães* por Jesus, entre outros, são questões da **fé que crê**. Na segunda, a fé é a adquirida através da experiência da própria pessoa. O cidadão **sabe**, não apenas por 'convicção', *mas porque aprendeu por 'experiência'*. É neste recorte que Kardec afirma: "*Fé inabalável, é somente aquela que encara a razão face a face, em todas as épocas da Humanidade*".[162] Relembremos aqui, Shakespeare: "O bem e o mal não existem, é o pensamento que os cria". A fé é uma força irresistível imanente; no fundo, é a própria Força Divina existente em você. Esta força age não movida por aparatos exteriores, mas pelo seu pensamento. Lembre-se de que **crer** é aceitar o seu pensamento como verdadeiro, quer ele seja, de fato, verdadeiro, quer não.

2.2 PROVAR A PERSEVERANÇA

Aquele que espera com perseverança, no tempo devido, alcançará o objetivo. Nada "cairá do céu". *É esperar trabalhando!* A perseverança é uma **qualidade daquele que persiste;** que tem constância nas suas ações e não desiste

---

162. KARDEC, Allan. *O Evangelho segundo o Espiritismo*. Cap. XIX, item 7.

diante das dificuldades. Perseverar é conquistar seus objetivos devido ao fato de manter-se firme e fiel aos ideais e propósitos. Como, por exemplo, na frase "com talento e perseverança, ele conquistou o cargo que sonhava desde criança". Um **sinônimo** para perseverança é 'persistência', assim como tenacidade e constância. A perseverança é uma qualidade que aparece frequentemente ligada à fé. Consta que Jesus teria dito, segundo Mateus, 24:13: Mas *quem perseverar até o fim*, esse será salvo. Sem entrar no mérito da questão de *salvação*, porque, para o espiritismo, "salvar" é sinônimo de 'educação', cada um *educa a si mesmo*. O cerne do conteúdo destaca a importância da *perseverança*, a qualidade que, mesmo diante das dificuldades, não nos deixa esmorecer nunca.

Então, aqui também, o espírito Bezerra de Menezes, enaltece que, enquanto aguardamos a resposta de Deus, exercitemos a *perseverança*. Correto. No entanto, conforme já abordado, a resposta, pela nossa ótica, é fruto sim, de sua *perseverança*, mas por conta da *conquista* pessoal e ocorre no fórum íntimo de cada um. É o que Paulo exorta: "Não vos conformeis com este mundo, mas transformai-vos pela renovação da mente". (Rom 12:2). Se você quer, você pode!

2.3 PROVAR A CONFIANÇA

Confiança é o ato de deixar de analisar se um fato é ou não verdadeiro, entregando essa análise à fonte de onde provém a informação e simplesmente considerando-a. Formada por **com**, mais *fidere*, "acreditar, crer", que deriva de *fides*, "fé". **Com + fé = confiança** (seja por crer ou saber) se refere a dar crédito, considerar que uma expectativa sobre algo ou alguém será concretizada no futuro. Aceitar, *a priori,* a decisão de outra pessoa. Do ponto de vista religioso, defendido por Bezerra de Menezes, é entregar o controle das coisas para Deus. Muita gente, mesmo diante das tribulações, manifesta confiança, dizendo, **"Deus está no comando"**. Creem no Deus externo e que **nada acontecerá sem a sua vontade**. Dizem que Deus prova, enquanto aguarda sua resposta, sua **confiança** n' Ele. Nossa interpretação, no entanto, é de que, com o *estado de espera,* após o depósito de nossas preces na mente, exercitaremos a **confiança**, não num Deus externo, mas, na Força Divina, dentro de nós mesmos.

2.4 É UM TESTE DE PACIÊNCIA

Entre o espaço do *pedido e a resposta* de Deus (*teísmo*), ou do trabalho de cada um, processado na intimidade (*deísmo*), estamos exercitando a paciência. Na verdade, ninguém nasce, "por graça divina", paciente. Ela, assim como todas as virtudes, é fruto de experiências milenares. Podemos conceituar a paciência como aquela qualidade ou virtude de se suportar os percalços, sem qualquer queixa e com resignação. Ora, isso não se consegue de forma instantânea. É fruto de muito exercício, esperando, não com paciência do "deixa a vida me levar", mas, com atuação operante, isto é, trabalhando, enquanto aguarda a conquista. Não omissão, mas ação.

Não existe mudança repentina, somos seres em constante evolução e, mediante os nossos próprios esforços, adquiriremos essa virtude. Ter mais ou menos paciência é proporcional ao nível de evolução de cada um.[163]

2.5 OPORTUNIDADE DE DESENVOLVER A FORÇA INTERIOR, A ALEGRIA E A CORAGEM.

Conclui-se, pois que, conforme ensina Bezerra de Menezes, ao semear na mente o que pensamos, no tempo próprio, teremos resposta. Serão positivas ou negativas, sempre conforme com o que plantamos.[164] Com perseverança no trabalho de conquista daquilo que desejamos, dando tempo ao tempo, desenvolvemos força interior, alegria e coragem.

---

163. Ler, neste livro, capítulo 18.
164. Idem, capítulo, 23.

REFERÊNCIAS BIBLIOGRÁFICAS

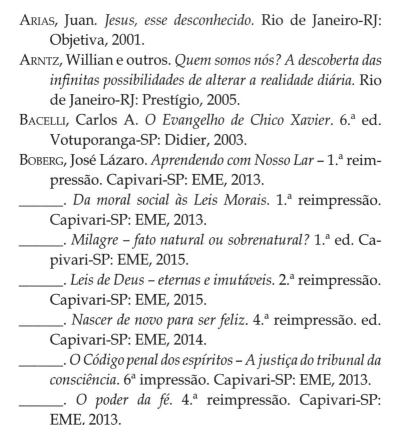

ARIAS, Juan. *Jesus, esse desconhecido*. Rio de Janeiro-RJ: Objetiva, 2001.

ARNTZ, Willian e outros. *Quem somos nós? A descoberta das infinitas possibilidades de alterar a realidade diária*. Rio de Janeiro-RJ: Prestígio, 2005.

BACELLI, Carlos A. *O Evangelho de Chico Xavier*. 6.ª ed. Votuporanga-SP: Didier, 2003.

BOBERG, José Lázaro. *Aprendendo com Nosso Lar* – 1.ª reimpressão. Capivari-SP: EME, 2013.

_____. *Da moral social às Leis Morais*. 1.ª reimpressão. Capivari-SP: EME, 2013.

_____. *Milagre – fato natural ou sobrenatural?* 1.ª ed. Capivari-SP: EME, 2015.

_____. *Leis de Deus – eternas e imutáveis*. 2.ª reimpressão. Capivari-SP: EME, 2015.

_____. *Nascer de novo para ser feliz*. 4.ª reimpressão. ed. Capivari-SP: EME, 2014.

_____. *O Código penal dos espíritos – A justiça do tribunal da consciência*. 6ª impressão. Capivari-SP: EME, 2013.

_____. *O poder da fé*. 4.ª reimpressão. Capivari-SP: EME, 2013.

254 | José Lázaro Boberg

_____. *Peça e receba – O Universo conspira a seu favor.* 1ª reimpressão. Capivari-SP: EME, 2014.

_____. *O segredo das bem-aventuranças.* 4.ª ed. Capivari-SP: EME, 2009.

_____. *Seja você mesmo – A conquista do autodomínio.* 2.ª reimpressão. Capivari-SP: EME, 2015.

BONDER, Nílton. *Código penal celeste.* 4.ª ed. Rio de Janeiro-RJ: Campus, 2004.

CHOPRA, Deepak. *Como conhecer Deus.* 1.ª ed., Rio de Janeiro-RJ: Rocco, 2012.

CROSSAN, John Dominique. *O Jesus histórico: a vida de um camponês judeu do Mediterrâneo.* Rio de Janeiro-RJ: Imago, 1994.

CURY, Augusto. *O funcionamento da mente* – Uma jornada para o mais incrível dos Universos. Ed., SÃO PAULO-SP: Pensamento-Cultrix, 2015,

DISPENZA, Joe. *Quem somos nós? A descoberta das infinitas possibilidades de alterar a realidade diária.* Rio de Janeiro-RJ: Prestígio, 2005.

GUIMARÃES, L. Pessoa. *Vade-mécum espírita,* 8ª ed. Piracicaba-SP: Boa Nova, 2011.

HOUAISS, Antônio. *Dicionário eletrônico Houaiss da língua portuguesa,* UOL.

KARDEC, Allan. *O Céu e o Inferno,* Tradução Manuel Justiniano Quintão. 54.ª ed. São Paulo-SP: Lake, 2004.

_____. *O Evangelho segundo o Espiritismo.* Tradução de João Teixeira de Paula. Introdução e notas de J. Herculano Pires. 12.ª ed. São Paulo-SP: LAKE, 1990.

SEJA FEITA A SUA VONTADE – A FORÇA DO QUERER | 255

_____. *O Livro dos Espíritos*. Tradução Evandro Noleto Bezerra. 1.ª ed. Comemorativa do Sesquicentenário, Rio de Janeiro: FEB, 2006.

_____. *O Livro dos Médiuns* – 76.ª ed. Rio de Janeiro: FEB, 2005.

_____. *Obras Póstumas*. Tradução de João Teixeira de Paula. Introdução e notas de J. Herculano Pires. 12.ª ed. São Paulo-SP: LAKE, 1990.

_____. *Revista espírita*. 1ª ed. São Paulo-SP: Edicel, 1977.

KNIGHT, JZ. *Quem somos nós? A descoberta das infinitas possibilidades de alterar a realidade diária*. Rio de Janeiro-RJ: Prestígio, 2005.

LUZ, Marcelo da. *Onde a religião termina?* 1.ª ed. Foz de Iguaçu-PR: Editares, 2011.

MENDONÇA, Jerônimo. *Crepúsculo de um coração*, 1.ª Ed. São Paulo-SP: Particular, 1986.

MURPHY, Joseph. *O poder do subconsciente*. 42.ª ed. Rio de Janeiro-RJ, 1980.

NEWBERG, Andrew. Quem somos nós? *A descoberta das infinitas possibilidades de alterar a realidade diária*. Rio de Janeiro-RJ: Prestígio, 2005.

PASTORINO. Carlos Juliano Torres. *Sabedoria do Evangelho*. 2.º vol. Rio de Janeiro-RJ, Sabedoria, 1964.

REGIS, Jaci. *Novo pensar: Deus, homem e mundo,* Santos-SP: ICKS, 2009.

REIS, Maria Eugênia Nestari. *Um novo olhar sobre o processo terapêutico*, 2.ª ed. Rio de Janeiro-RJ: Letra capital, 2012.

ROHDEN, Huberto. *Cosmoterapia*. 2.ª ed. São Paulo: MARTIN CLARET, 1995.

TANIGUICHI, Masaharu. *A Humanidade é isenta de pecado*. 10ª ed. SÃO PAULO-SP, Seicho-no-ie do Brasil, 1997. TSÉ-LAO. *Tao Te Ching*. 2.ª ed. São Paulo: MARTIN CLARET, 2001.

XAVIER, Francisco Cândido/André Luiz. *Ação e reação*, 30.ª ed. 1. Impressão, Rio de Janeiro-RJ: FEB, 2013.

_____. *Agenda cristã*, 45.ª Ed., Rio de Janeiro-RJ, FEB, 2012.

_____. *Evolução em dois mundos*. 25.ª ed. 3.ª reimpressão, Rio de Janeiro-RJ: FEB, 2010

_____. *Nosso Lar*, 64.ª ed. 8.ª reimpressão, Rio de Janeiro-RJ: FEB, 2016.

_____. *No mundo maior*, 28.ª ed. 4ª reimpressão, Rio de Janeiro-RJ: FEB, 2015.

_____. *Nos domínios da mediunidade*, 1.ª ed. Especial, Rio de Janeiro-RJ: FEB, 2010

XAVIER, Francisco Cândido/Emmanuel. *Caminho, verdade e vida*, 1.ª ed. 8.ª impressão, Rio de Janeiro-RJ: FEB, 2014.

_____. *Fonte viva*, 1.ª ed. 9ª reimpressão. Rio de Janeiro-RJ: FEB, 2015.

_____. *Palavras de vida eterna*, 16.ª ed. Uberaba-MG: CEC, 1992.

_____. *Pão nosso*, 1.ª ed. 11ª Impressão Rio de Janeiro-RJ: FEB, 2017.

_____. *Paulo e Estêvão*, 45.ª ed. 3ª Impressão. Rio de Janeiro-RJ: FEB, 2013.